Gerd Freiwald

Ein halbes Leben

tredition

Die frühen Jahre

Wann und wo ich gezeugt wurde, ist nicht überliefert. Geboren wurde ich im Juli 1953 in Jüterbog, einer Märkischen Kleinstadt südlich von Berlin. Zumindest hat man mir das erzählt. Eigene Erinnerungen an die ersten Jahre meines Lebens habe ich nicht. Ein Album bewahrt einige Fotos, doch die sind mir irgendwie fremd. Da ist zum Beispiel das Bild von der Taufe. Dass ich dieses etwas in dem weißen Bündel sein soll, kann man glauben oder nicht. Angeblich wurde ich in der Kirche getauft, die direkt hinter dem Haus stand, in dem wir wohnten. Sie steht noch immer dort, wurde aber später als Baustofflager genutzt, bevor sie zu einer Bibliothek ausgebaut wurde. Wahrscheinlich war ich nicht der einzige Täufling, der ihr im Laufe der Zeit abhandenkam. Es sind auch andere Fotos aus den frühen Jahren überliefert. Auf einem ist ein Bubi zu sehen, der in einem Gefährt mit kleinen Rädern und einem langen Bügel zum Schieben sitzt. Es soll wohl ein Kinderwagen sein. Nicht nur der Kinderwagen auch die Kleidung, die man dem Jungen verpasste, ist eigentümlich. Eine Schlabberhose und eine Strickjacke sind zu sehen. Seltsamerweise trage ich Schlabberhosen gern. Sollte dies ein Zeichen frühkindlicher Prägung sein? Der Knabe auf dem Foto hat allerdings blonde Locken, meine Haare sind glatt und eher dunkel, mittlerweile grau. Ein anderes Foto zeigt den Jungen Arm in Arm mit einem Teddy, der fast so groß ist, wie er selbst. In den fünfziger Jahren war ein derartiger Teddybär sicher eine Rarität. Ich kann mich an einen solchen Teddy erinnern, er durfte in meinem Bett schlafen. Irgendwann wurde er peinlich und musste sich einen anderen Schlafplatz suchen.

Eigene Erinnerungen an meine frühen Jahre beginnen mit dem vierten beziehungsweise fünften Lebensjahr. Es sind meist Bilder, die vor meinem geistigen Auge erscheinen. Da ist zum Beispiel die Wohnung meiner Großeltern, die in der unteren Etage eines Mehrfamilienhauses unweit vom Marktplatz gelegen war. Meine Eltern hatten ihre Wohnung in der Etage darüber. Seltsamerweise habe ich an die Wohnung meiner Eltern keine Erinnerungen, ich war dort wohl nur zum Schlafen, und selbst das nicht immer. Dafür habe ich das Schlafzimmer meiner Großeltern vor

Augen. Es war riesig, jedenfalls kam es mir als Knirps so vor. Dieser Eindruck wurde dadurch verstärkt, dass es ein Durchgangszimmer war. Man musste vom Flur aus das Schlafzimmer passieren, wollte man zum Wohnzimmer gelangen. Dieses lag rechter Hand und hatte Fenster zur Straße hin. An der gegenüberliegenden Seite kam man zu einem Vorratsraum und zum Badezimmer, das gleichzeitig Waschküche war. Eine Waschmaschine gab es nicht, diese fanden erst später den Weg in die Haushalte. Die Wäsche wurde in einem hölzernen Zuber auf einem Waschbrett geschrubbt. Außerdem gab es eine Mangel, die mit einer Kurbel bedient wurde. Mit ihr konnte die Wäsche geglättet und Wasser herausgedrückt werden. Zur Ausstattung des Raumes gehörten auch eine Badewanne und eine kleine Zinkwanne, letztere meiner Größe angemessen. Im Vorratsraum stand eine Waage, eine Dezimalwaage, wie man mir erklärte. Zu dieser Waage gehörten Gewichte, die ein wunderbares Spielzeug abgaben.

Im Wohnzimmer stand ein runder Tisch mit vier Stühlen darum. Außerdem kann ich mich an eine Anrichte erinnern, auf der ein großer Fernseher mit einem kleinen Bildschirm prangte. „Rembrandt" war der vielversprechende Name des Geräts. Es soll eines der ersten in der Stadt gewesen sein. Mit dem Tisch verbindet sich eine Geschichte, die mir immer wieder erzählt wurde. Bei meiner Oma versammelte sich regelmäßig ein Kaffeekränzchen von drei älteren Damen. Sie mögen mir verzeihen, aber einem Knirps erscheinen Menschen über vierzig nun mal als alt. Man spielte Karten, Rommé zumeist. Ich konnte zwar kaum über die Tischkante schauen, durfte aber mitspielen. Einmal soll ich, als ich verloren hatte, mit meinem Kinderstuhl auf die Damen losgegangen sein. Das mag ich kaum glauben, bin ich doch weder jähzornig noch von überschäumendem Temperament.

Im Schlafzimmer stand ein Doppelbett, nicht wie heute üblich mit einer durchgehenden Matratze, sondern aus zwei Betten bestehend, die durch ein Gestell verbunden waren. An der Berührungsstelle der Betten entstand eine Ritze, auf der notfalls eine Liegestatt für einen Gast hergerichtet werden konnte. Wenn meine Eltern ihre Ruhe haben wollten, wofür auch immer, wurde die Besucherritze mein Domizil. Über dem Bett prangte ein Bild mit leicht bekleideten Damen, Engeln oder Nymphen vielleicht. Dieses Bild muss mich beschäftigt haben, denn ich habe es noch vor Augen. Ähnliche Bilder entdeckte ich später auch in Schlafzimmern anderer älterer Herrschaften, sie müssen einmal sehr gefragt gewesen sein. Im Schlafzimmer gab es zwei Kleiderschränke. Einer war im alltäglichen Gebrauch, ein zweiter, etwas älterer, schien nicht mehr benötigt zu werden. Vielleicht weckte er deshalb meine Neugier. Dieser Schrank sollte sich als Tor zu einer anderen Welt erweisen. Zwar wurde ich nicht in einen Prinzen verwandelt, als ich dessen Tür öffnete, doch es kamen Kleider, Hüte, Anzüge und Jacken aus einer anderen Zeit zum Vorschein. Modenschau wurde nun mein größtes Vergnügen.

Wahrscheinlich habe ich als Bubi gern getanzt, das legt jedenfalls eine andere Geschichte nahe, die mir immer wieder erzählt wurde. In dem Haus, in dem wir wohnten, gab es zur Straße hin einen Tabakladen. Den fand ich wegen der Leute, die dort ein- und ausgingen, spannend. Bald kannte ich alle gängigen Zigarettenmarken – „Jubilar", die mein Opa rauchte, mein Vater nahm „Orient", andere bevorzugten „Casino" oder „Turf". Einer der vielen dort zu sehenden Werbesprüche ist mir in Erinnerung geblieben. „Aus gutem Grund ist Juno rund" stand auf einem Schild geschrieben. „Rund" war tatsächlich ein Unterscheidungsmerkmal der Zigaretten. Einige Marken wurden in ovaler Form gefertigt, wohl, weil sie auf diese Weise besser im Mundwinkel geparkt werden konnten. Erst mit dem Siegeszug der Filterzigaretten wurde „rund" zum allgemein gebräuchlichen Standard. Ich ging in diesen Laden aber vor allem, um Aufmerksamkeit zu finden, unter anderem, indem ich kleine Tänze aufführte. Manchmal bekam ich ein Geldstück von einem der Kunden geschenkt. Einmal soll ich, als ich aufgefordert wurde, ein Tänzchen zu zeigen, gesagt haben, dass das nicht gehe, weil ich das Portemonnaie vergessen hätte. In diesem Zusammenhang fällt mir ein, dass meine Oma außer Portemonnaie noch eine Reihe anderer aus dem Französischen stammender Worte wie Trottoir oder Chaiselongue im alltäglichen Gebrauch hatte.

Zur Wohnung gehörte eine kleine Küche, die mehr einem Durchgang ähnelte. Trotzdem hatten in ihr ein Gasherd und eine Kochmaschine Platz. In der Küche schwang meine Uroma das Zepter respektive den Kochlöffel. Ich sehe sie noch an dem kleinen Tisch sitzen und genüsslich eine Zigarre paffen. Zigarren waren teuer und deshalb besonderen Anlässen vorbehalten; ansonsten rauchte sie Zigaretten. Die Kippen der Zigaretten wurden nicht etwa weggeschmissen, sie sammelte sie in einer Dose, um aus dem verbliebenen Tabak neue Zigaretten zu drehen. Für diesen Zweck hatte sie ein kleines Gerät, dessen Gebrauch ich fasziniert beobachtete. Merkwürdigerweise sagte ich nicht Uroma zu ihr, sondern „Andremutter". Für mich war dies ein Eigenname, den ich bis zu ihrem Tod gebrauchte. Erst später habe ich gefragt, wie es zu diesem eigentümlichen Namen gekommen war. Man hatte mir offensichtlich zu erklären versucht, dass „Oma" die Mutter meiner Mutter sei, und „Uroma" die Mutter der Mutter meiner Mutter. Das war für den Knirps zu viel, so dass die Uroma zur anderen Mutter wurde.

Meine Uroma war eine ausgezeichnete Köchin. War sie in ihrem Reich zugange, hatte dort niemand etwas zu suchen. Sie hatte ja auch gut zu tun, denn es waren oft mehr als ein halbes Dutzend hungriger Männer zu beköstigen. Mein Opa war selbständiger Handwerksmeister, so dass fast immer Kunden oder Kollegen mit am Tisch saßen. Gegessen wurde in einem Vorbau, der sich an die Küche anschloss. Dort stand auch ein schmaler Ofen, der bei den beiden Katzen heiß begehrt war. Sie konnten sich auf ihm den Bauch wärmen, außerdem hatten sie von dort den besten Überblick. Da nur eine der Katzen auf dem Ofen Platz fand, versuchten sie einander auszutricksen. Mein Liebling war Minka, eine dreifarbige Schmusekatze. Die andere Katze wurde Muschi gerufen. Sie hatte ein schwarz-weißes Fell und ließ sich nicht von jedem anfassen. Wie dieser für Katzen eher untypische Namen entstanden war, hat man mir nicht erzählt. Im Vorraum stand darüber hinaus ein Schreibtisch mit einem Telefon darauf. Letzteres war schwarz und schwer, mit einer Drehscheibe und einer Gabel, auf der der Hörer lag. Telefonanschlüsse waren rar. Mein Opa hatte einen erhalten, weil sein Betrieb Landmaschinen reparierte. Die Landwirtschaft genoss hohe Priorität, da eine ausreichende Versorgung mit Lebensmitteln noch nicht selbstverständlich war. Einige Grundnahrungsmittel wurden mit einem Markensystem rationiert.

Der Betrieb meines Opas, das heißt die Werkstatt, befand sich in einem Gebäude hinter dem Haus. Dort war es schmutzig und laut, aber auch ungeheuer aufregend. Zu meinem Leidwesen wurde ich in der Werkstatt nicht geduldet, obwohl es unzählige Dinge zu entdecken gegeben hätte. Allein das Schmiedefeuer, in dem das Eisen zum Glühen gebracht wurde, war faszinierend genug, um dort Stunden zu verbringen. Gar nicht zu reden davon, wie spannend es war, den Männern zuzusehen, wie sie mit großen Hämmern, die ich nicht hätte anheben können, das Eisen traktierten bis es die gewünschte Form annahm. In einem Nebenraum standen Maschinen zum Schleifen, Drehen und Bohren. Sie wurden über breite Riemen, die den ganzen Raum durchzogen, in Bewegung gesetzt. Folgte man ihrem Lauf, gelangte man zu einem Motor, der mit Elektrizität angetrieben ein Drehmoment erzeugte, das über die Riemen auf die einzelnen Maschinen verteilt werden konnte. In der Werkstatt arbeitete, neben einigen Gesellen, auch mein Vater.

Mein Vater war mit sechzehn Jahren als Flakhelfer in den Krieg gezogen, mit knapp siebzehn lag er als Soldat vor Dresden. Er war im Lazarett, was ihm wahrscheinlich das Leben rettete, denn englische und amerikanische Flieger legten die Stadt, in der viele Flüchtlinge aus dem Osten haltgemacht hatten, mit Spreng- und Brandbomben in Schutt und Asche. Als am Horizont der Widerschein des Infernos aufleuchtete, schnappte sich ein älterer Kamerad meinen Vater, um mit ihm zu türmen. Im heutigen Tschechien gerieten sie in amerikanische Gefangenschaft. Als sich die Amerikaner von dort zurückzogen, schickten sie meinen Vater nach Hause, so dass er bereits im Mai 1945 wieder in Jüterbog eintraf. Lange Zeit haben mich seine Erlebnisse im Krieg nicht interessiert, erst zum Ende seines

Lebens hin, da ich nun selbst in die Jahre gekommen war, fand ich sie spannend, mir aber auch fremd, kaum mehr nachvollziehbar. Im Gegensatz zu den Berichten über die Kriegsjahre blieben seine Erzählungen über die erste Nachkriegszeit ungenau, schwammig geradezu. Es müssen wilde Jahre gewesen sein. Vieles war noch ungeordnet, jeder musste sehen, wie er durchkam. Mein Vater, noch immer Teenager, hatte bereits viel erlebt, nun wollte er erkunden, was das Leben sonst noch zu bieten hat. Dafür schien er kein Abenteuer gescheut zu haben. Erst als er meiner Mutter begegnete, gingen die stürmischen Jahre ihrem Ende entgegen. Sie heirateten und Vater begann eine Lehre im Betrieb seines Schwiegervaters, meines Opas, wo er später auch die Meisterprüfung ablegte.

Da ich mich in der Werkstatt nicht blicken lassen durfte, erkor ich die Maschinen, die auf dem Hof standen, zum Spielplatz. Unter diesen Maschinen waren Traktoren, Pflüge, Heuwender und andere. Sie warteten auf eine Reparatur, manche mögen einer Verschrottung oder Teileverwertung entgegengesehen haben. Sie standen, so schien es, schon ewig dort. Allerdings war für mich bereits eine Woche eine kleine Ewigkeit. Natürlich sollte ich nicht in den Maschinen herumturnen. Mit Appellen war jedoch nichts zu erreichen, zumal es kaum Alternativen gab. Gleichaltrige Spielgefährten hatte ich nicht und nur die Katzen zu ärgern, war wenig verlockend. Außerdem, wer sollte schon ständig auf mich aufpassen, hatte doch jeder der Erwachsenen eigene Geschäfte, denen er nachging. Ab und an begleitete ich meine Mutter zu Besorgungen. In Erinnerung geblieben sind mir Besuche bei der Schneiderin. Für mich waren sie langweilig, für meine Mutter wahrscheinlich alternativlos, denn Konfektion fand erst nach und nach Eingang in die Geschäfte. Nervig war auch der Besuch bei der Putzmacherin. Immerhin besaß sie ein kleines Ladengeschäft, in dem man ihre Hutkreationen bestaunen konnte. Da fast alle Geschäfte in der Mittagszeit zwischen ein und drei Uhr geschlossen hatten, wurden solcherart Besorgungen meist in den Nachmittag gelegt. Ein Lichtblick, was die Putzmacherin betraf, war, dass der Weg zu ihr am „Knusperhäuschen" vorbeiführte. Das Knusperhäuschen war ein Ladengeschäft, das in einem kleinen, sehr alten Haus, direkt an der historischen Stadtmauer Bäcker- und Konditorwaren anbot. Manchmal durfte ich mir dort eine Leckerei aussuchen, die Nusstörtchen hatten es mir besonders angetan. Wahrscheinlich war ich schon damals ein kleiner Genießer. Vielleicht war das auch der Grund, weshalb ich mich dem Lebertran, den man mir unbedingt verabreichen wollte, weil er so gesund sei, vehement verweigerte.

Am Ende unseres Hofs befand sich ein kleiner Stall, wo mein Opa Hühner und Kaninchen fütterte, die irgendwann als Sonntagsbraten endeten. Den Hühnern schlug er, wenn es soweit war, selbst den Kopf ab, die Kaninchen wurden zu einem Mann gebracht, der ihnen das Fell über die Ohren zog. Für das Fell erhielt man ein kleines Salär sowie Bezugsscheine für Kleie, einer begehrten Futterbeigabe. Diese Art Sonntagsbraten war bei uns kein Ausdruck von Mangel, da die Bauern, die die Dienste meines Opas in Anspruch nahmen, sich das eine oder andere Mal mit Naturalien erkenntlich zeigten. Tiere zu halten, war für meinen Opa vielmehr ein selbstverständlicher Teil des Lebens, er hatte es als Sohn eines Bauern nicht anders kennengelernt. Dem Stall schloss sich, abgetrennt durch eine Tür, ein Garten an, von dem eine weitere Tür nach draußen, in eine Gasse führte. Durch die Gasse konnte man zur Kirche aber auch in die Stadt gelangen. Mein Opa schlenderte sonntags nicht in die Kirche, sondern in die Kneipe. Um dies zu verhindern, hatte meine Oma die Idee, er solle mich im Garten beaufsichtigen. Meinen Opa machte das nicht verlegen, er nahm mich einfach mit. Auf dem Nachhauseweg schärfte er mir ein, nicht zu verraten, wo wir gewesen seien. Daheim angekommen soll ich meiner Oma stolz verkündet haben, dass ich nicht verraten würde, wo wir gewesen waren. Ich weiß nicht, ob mein Opa seinen kleinen Naseweis in diesem Moment lustig fand, später hat er die Geschichte jedoch immer wieder amüsiert zum Besten gegeben.

Für die Fahrten zu seinen Kunden hatte mein Opa ein Auto. Es war sein ganzer Stolz, obwohl es nicht eben schnell fuhr, zumindest, wenn man heutige Maßstäbe zugrunde legt. Darüber hinaus wies es einige Eigenarten auf. Die beiden Türen wurden zum Beispiel in die „falsche" Richtung geöffnet, was beim Ein- und Aussteigen zwar bequem war, aber zur Gefahrenquelle werden konnte, falls sie nicht sicher geschlossen wurden. Unterhalb der Türen waren Trittbretter angebracht, die ebenfalls das Ein- und Aussteigen erleichterten. Wahrscheinlich waren sie eine Reminiszenz an vergangene Zeiten, als man für das Ein- und Aussteigen in eine Kutsche Trittbretter benötigte. Ähnliches gilt für die Winker, mit der man eine Richtungsänderung anzeigte. Sie wurden zwar elektrisch aus der Mittelstrebe des Autos ausgefahren, hatten aber die Form einer Kelle, wie sie auf Pferdefuhrwerken Verwendung fanden. Im Zusammenhang mit dem Auto fällt mir noch eine andere Sonderbarkeit ein, die mich damals sehr beschäftigte. Auf dem Marktplatz, der nur wenige Meter von unserem Haus entfernt war, wurden ab und an Unfallwagen ausgestellt, nicht einfach als Schrotthaufen, sondern drapiert mit vielen Details, wie ausgeschlagenen Zähnen, einer kaputten Brille und ähnlichem. Auf einer Tafel konnte man lesen, was passiert war und welchen Schaden die Insassen erlitten hatten. Das Gezeigte sollte wahrscheinlich abschreckend wirken und zu mehr Achtsamkeit im Straßenverkehr erziehen, was eher eine vergebliche Hoffnung war.

Manchmal machte mein Opa mit meiner Oma und mir kleine Ausflüge. Wir fuhren zum Beispiel in das Dorf, aus dem mein Opa stammte. Er war der jüngste von sechs Brüdern, von denen der älteste den Hof übernommen hatte, während die anderen von dannen gezogen waren, um sich anderwärts ein Auskommen zu suchen. Ich war gern dort, denn die Bäuerin konnte phantastisch kochen. Ihre gebratene Flugente geht mir bis heute nicht aus dem Sinn. Auf dem Hof fand ich das Geflügel weniger toll. Während Hühner und Flugenten vergleichsweise harmlos schienen, waren die Gänse und der Hahn mit Vorsicht zu genießen. Zu meinem Leidwesen war das Plumpsklo ebenfalls auf dem Hof. Auf dem Weg dorthin wurde ich einmal vom Hahn aggressiv angegangen, woraufhin ich erklärt haben soll, dort nicht wieder hinzufahren. Erst als man mir glaubhaft versicherte, dass der Hahn längst im Suppentopf gelandet sei, ließ ich mich überreden. Das Essen war einfach zu gut. Manchmal fuhren wir auch in den Wald, um Pilze zu suchen. Wichtiger als die Pilze war das Picknick, das meine Oma und ich zelebrierten. Dass mein Opa irgendwann mit einem Korb voller Pilze kam, war eher lästig, zumal er darauf bestand, sie noch im Wald zu putzen.

Peter, geboren 1947, erzählt

Mein Großvater war der älteste der sechs Brüder. Er hatte den Hof übernommen und an meinen Vater weitergegeben. Durch diese Tradition war der Hof über Generationen in der Familie geblieben. Da ich das einzige Kind meiner Eltern war, wäre es an mir gewesen, diese Tradition fortzuführen. Es sollte anders kommen. Im September 1954 wurde ich eingeschult. Die ersten Jahre lernte ich in unserer Dorfschule, wo es für die vier Jahrgänge zwei Räume gab. Ab der fünften Klasse fuhren wir mit dem Fahrrad zur Zentralschule ins Nachbardorf. Der Weg führte durch einen Buchenwald und dort über den Ziegelberg. In der ansonsten flachen Landschaft wurde jede Erhebung „Berg" genannt. Trotzdem war die Abfahrt nicht ohne, denn unter wartete eine kleine selbst gebaute Schanze auf uns. Unser Ehrgeiz bestand darin, die dort entlangführende schmale Straße mit dem Fahrrad zu überspringen und weich im Sand der anderen Seite zu landen. Das gelang nicht immer, was den Rädern nicht gut bekam. Im Winter wurde das Fahrrad durch einen Schlitten ersetzt, mit dem zu springen, mindestens genauso aufregend war. Damit die Kufen bei der Landung nicht die Grätsche machten, wurden sie durch Eisenstangen miteinander verbunden.

Die Erweiterte Oberschule (EOS) befand sich in der Kreisstadt, rund zwanzig Kilometer von unserem Dorf entfernt und damit zu weit weg, um täglich mit dem Fahrrad zu fahren. Ich wurde im Internat einquartiert. An der EOS lernte ich auch den Beruf eines Landmaschinenschlossers. Für mich stand bald fest, dass ich studieren und Ingenieur für Landtechnik werden wollte. Das bedeutete jedoch, dass ich nicht auf den elterlichen Hof zurückkehren würde, was allerdings auch aus einem anderen Grund nicht zur Debatte stand. Im Dorf war eine Landwirtschaftliche Produktionsgenossenschaft (LPG) Typ 1 gegründet worden, der meine Eltern beigetreten waren. Der damals gängige Spruch „Typ 1 – jeder macht seins", charakterisiert diese Zusammenschlüsse recht gut, denn nur die Äcker wurden gemeinsam bewirtschaftet, während das Vieh, die auf den Höfen vorhandenen Maschinen und die hausnahen Böden in den Familien blieben. Zur LPG gehörte eine Maschinen-Traktoren-Station (MTS), wo mein Vater Maschinen ausleihen konnte, sofern sie nicht von der LPG beansprucht wurden. Wir besaßen zum Beispiel keinen Traktor, weshalb meine Eltern bei allen Arbeiten auf unsere Pferde angewiesen waren. Für einige Arbeiten war ein Traktor jedoch unabdingbar.

Einige Zeit später wurde im Dorf eine LPG Typ 3 gegründet, die die Viehwirtschaft einbezog. Ihre Mitglieder wurden zu Angestellten der Genossenschaft. Als Werber für die neue Idee zu uns auf den Hof kamen, vertrieb sie mein Vater mit den Worten: „Ich bin Bauer. Schluss." Die Abneigung war auch daraus begründet, dass anfangs nur die „Hungerleider" des Dorfes eingetreten waren, die allein keine Chance gehabt hätten, wirtschaftlich zu überleben. Die wirtschaftlichen Schwierigkeiten, vor allem die Probleme beim Absatz der Erzeugnisse, machten aber auch vor uns nicht halt. Hinzu kam, dass meine Mutter aus gesundheitlichen Gründen kürzertreten musste. Die Arbeit war kaum mehr zu schaffen, so dass es nun meine Mutter war, die auf den Eintritt in die Genossenschaft drängte. Mit diesem Schritt wurden meine Eltern zu Lohnempfängern, das heißt, sie konnten auf ein geregeltes Einkommen zurückgreifen. Darüber hinaus hatten sie Anspruch auf einen Teil des wirtschaftlichen Erfolgs der Genossenschaft und sie konnten erstmals in ihrem Leben Urlaub machen. Mein Wunsch, ein Studium zu beginnen, stellte vor diesem Hintergrund kein Problem dar, im Gegenteil, meine Eltern unterstützten mich nach Kräften.

Rumtreiben

Kurz vor meinem fünften Geburtstag wurde der Umzugswagen bestellt. Mein Opa hatte ein Siedlungshaus in der Nähe des Bahnhofs, außerhalb des eigentlichen Stadtkerns, gekauft. Das Haus war in den dreißiger Jahren als Zweifamilienhaus gebaut worden. Wir nutzten die untere Wohnung, die obere war noch vom Voreigentümer belegt. Etwas später konnten meine Großeltern diese übernehmen. Die Häuser in der Siedlung waren gut belegt. Einige Eigentümer hatten Untermieter aufgenommen, denn die Einkommen waren gering und Wohnungen knapp. Häuser, die bei Kriegsende leer geworden waren, weil sich die Besitzer aus Angst vor den Siegern das Leben genommen hatten oder weil sie wegen Verstrickungen in die Naziherrschaft gen Westen geflohen waren, hatte man kinderreichen Familien zugewiesen. Fünf Kinder waren in diesen Häusern keine Seltenheit, so dass ich mich über fehlende Spielkameraden nicht mehr beklagen brauchte. Darüber hinaus erhielt ich ein eigenes Zimmer. Für meine Oma wurde der Umzug allerdings zur Katastrophe. Sie war nicht berufstätig, was in der Stadt kein Problem dargestellt hatte, da im Betrieb meines Opas ständig Leute ein- und ausgingen. Außerdem war sie dort aufgewachsen, das heißt, sie kannte jede und jeden, vor allem jede Verkäuferin. Hinzu kam, dass sie ein gewisses Ansehen genoss, da mein Opa nicht nur ein gefragter Handwerker, sondern auch Obermeister der Innung war. Der Umzug hatte sie nun weit weg, in ein „Negerdorf", wie sie abwertend jammerte, verschlagen. Hier gab es keine Geschäfte oder Leute, mit denen sie parlieren konnte.

Wer ein Grundstück sein Eigen nennt, dem ist Langeweile fremd. Mein Vater war ständig mit irgendwelchen Bauvorhaben beschäftigt. Eine Garage wurde gebraucht, ein Stall natürlich auch und ein Schuppen. Darüber hinaus sollte ein Zaun errichtet und der Hof befestigt werden. Der Vorgarten wartete ebenfalls auf Verschönerung. Ein Rasen wurde gesät, es wurden aber auch Blumenrabatten angelegt und Obstbäume gepflanzt. Die Bezeichnung „Rasen" für das sich ausbreitende Grün klingt allerdings etwas vermessen, Wiese wäre zutreffender, denn mein Opa brauchte Gras für die Kaninchen. Zum „Grasmachen" benutzte er eine Sichel, die immer wieder geschärft werden musste. Schon deshalb war sie meinen Kinderhänden entzogen, leider. Der Gemüsegarten hinter dem Haus war das Hoheitsgebiet meiner Mutter. Wie die meisten in der Siedlung wurden wir Selbstversorger, was Obst und Gemüse betraf.

Als Einzugsgeschenk für mich errichtete mein Vater eine Schaukel, die auf zwei in den Boden versenkten Baumstämmen gegründet war. Sie bestand nicht nur aus einem Sitzbrett, auch ein Trapez und Ringe gehörten dazu. Diese Schaukel war einfach der Knüller. Nun brauchte ich nicht mehr irgendwelchen Bekanntschaften hinterherlaufen, die Kinder der Gegend kamen in Scharen zu uns auf den Hof. Ich fürchte, mein Vater hat seine Idee nicht nur einmal bereut, denn der Geräuschpegel muss beachtlich gewesen sein. Irgendwann gelang es ihm, uns auf die Straße zu verbannen. Das war insofern unproblematisch, als in der Siedlung so gut wie keine Autos fuhren. Die Anwohner nutzten Fahrräder, um zur Arbeit oder zur Schule zu gelangen. Ich erinnere mich, dass auch ein Eismann, richtiger eine Eisfrau, ab und an die Runde machte. Auf ihrem Fahrrad hatte sie Behälter mit Vanille- und Schokoeis, die Kugel für einen Groschen. Die Bezeichnung „Groschen" für ein Zehnpfennigstück war noch allgemein gebräuchlich, ein Fünfpfennigstück wurde „Sechser" genannt, warum auch immer. Um den genannten Preis einordnen zu können, muss man wissen, dass mein Vater zu jener Zeit 400 Mark im Monat verdiente und meine Mutter in der Schwangerschaft ihre Stellung als Sekretärin aufgegeben hatte.

Am Rande der Siedlung, unweit unseres Hauses, führte eine Hauptstraße vorbei. Manchmal sah ich dort einen Bierkutscher, dessen Fuhrwerk von zwei kräftigen, geduldigen Pferden gezogen wurde. Bier und Limonade wurden in Jüterbog gebraut. Die Getränke mussten regelmäßig ausgefahren werden, weil sie nicht lange haltbar waren. Die Flaschen hatten zudem einen nur bedingt sicheren Patentverschluss, Kronenkorken waren noch nicht gebräuchlich. Nicht selten war der Flaschenhals angeschlagen, so dass die Kohlensäure entweichen konnte. In diesem Fall war die Limo nur labbriges Zuckerwasser. Ab und an sah man auch andere Fahrzeuge, die den dort ansässigen Kaufmann belieferten. Sein Laden war so klein, dass sich maximal fünf Personen darin aufhalten konnten. Die Waren, die man kaufen wollte, holte der Inhaber von irgendwoher heran. Ich hatte den Ehrgeiz, nicht einfach den Einkaufzettel abzugeben, sondern selbst anzusagen, was ich bringen sollte. Ich glaube, das fand der Kaufmann nicht lustig, musste er doch auf diese Weise jeden Artikel einzeln holen. Wahrscheinlich trug es auch nicht zur Verkürzung der Wartezeit für die anderen Kunden bei.

Gegenüber vom Kaufmann öffnete ein Milchgeschäft seine Türen. Die Milch wurde aus einem großen Behältnis mit einem Schöpfmaß in eine Kanne, die man mitbringen musste, umgefüllt. Als Milch später in Flaschen geliefert wurde, konnte man sie beim Kaufmann erwerben und der Milchladen schloss seine Pforten. Die Milch war nicht wärmebehandelt, das heißt, sie war nur kurze Zeit haltbar. Oft war sie schon am nächsten Tag „sauer", also nicht mehr verwendbar. Man konnte sie jedoch stehen lassen, bis sie dick wurde, um sie dann mit etwas Zucker als Nachtisch zu servieren. Industriell gefertigten Joghurt gab es noch nicht. Etwas weiter weg von unserem Haus hatten ein Bäcker und ein Fleischer ihre Geschäfte. Dass ich am Samstag zum Fleischer gehen musste, habe ich gehasst, denn es dauerte mindestens eine Stunde bis ich dort wieder raus war. Für andere Dinge musste man mit dem Fahrrad in die Stadt fahren oder man nahm eine halbe Stunde Fußweg in Kauf. In dieser Zeit waren Händler, Handwerker und andere Gewerbetreibende in der Regel selbständig, das heißt Kleinunternehmer. Gleiches galt für Produktionsbetriebe mit regionaler Bedeutung, wie die Brauerei in Jüterbog.

Während zu Beginn der Hof mein Spielplatz war, kamen bald die Straße vor unserem Haus und dann die angrenzenden Straßen hinzu. In einem der Häuser wohnte eine ältere Dame. Sie besaß einen Fernseher, anfangs der einzige weit und breit. Am Sonnabendnachmittag wurden wir, das heißt, die Kinder, die auf der Straße tobten, für eine halbe Stunde zum Fernsehen eingeladen. Meister Nadelöhr erzählte „verzwirnt und daneben gestochen" lustige, manchmal auch traurige, Geschichten und Märchen. Mit der Vergrößerung meines Aktionsradius folgte auf die Frage meiner Mutter „Wo gehst du hin?" nur die Antwort „rumtreiben". Damit war klar, meine Eltern brauchten nicht nach mir Ausschau halten. Als eiserne Regel galt, dass ich zu den Mahlzeiten zuhause zu sein hatte. An einem Sonnabend verpasste ich das Mittagessen. Meine Spielkameraden waren nach und nach zum Essen verschwunden und wiedergekommen, nur an mir war die Zeit vorbeigegangen. Vielleicht hatten wir auch Kuchen vom Bäcker geholt. Familien, die mehrere Bleche mit Hefekuchen abzubacken hatten, nahmen diesen Service des Bäckers gern in Anspruch. Wenn ich half, den fertigen Kuchen mit dem Handwagen abzuholen, fiel auch für mich das eine oder andere Stück ab. Da konnte man schon mal das Mittagessen vergessen. Als ich am Abend zu Hause eintrudelte, war dicke Luft. Es blieb nicht, wie sonst, bei einer Standpauke, eine Tracht Prügel wäre fällig, meinte mein Vater. Wenigstens benutzte er keine Hilfsmittel, sondern „nur" seine Schlosserhände. Später hat er immer wieder betont, dass er von seinem Vater zweimal Prügel bezogen hätte, was in meinen Ohren wie eine Drohung klang. Meine Mutter beließ es nicht bei Drohungen, ihr rutschte schnell die Hand aus. Erst als ich ihr durch Wegducken häufiger entkam, gab sie dieses Erziehungsmittel auf.

Nach und nach bildeten sich Spielfreundschaften mit Nachbarkindern heraus. Susi, die etwas jünger war als ich, wohnte direkt gegenüber. Wir waren von Anfang an viel gemeinsam unterwegs. Dabei lernten wir Sabine und Monika kennen, die in angrenzenden Häusern wohnten. Auf diese Weise wurde ich Teil einer Mädchengang. Gemeinsam erkundeten wir die Gegend, bauten mit Decken eine Höhle und feierten Geburtstage oder Fasching zusammen. Verhinderte das Wetter ein Spielen im Freien, vertrieben wir uns mit „Mensch-ärgere-dich-nicht" oder Kartenspielen die Zeit. Unsere Freundschaft hielt bis in die Schulzeit hinein. Durch sie habe ich gelernt, wie Mädchen ticken, für die Verinnerlichung eines männlichen Rollenverständnisses war sie weniger hilfreich.

Sabine, geboren 1953, erzählt

Ich bin nur wenige Monate älter als Gerd. Anfangs war ich nur mit Monika befreundet. Wir haben oft vor dem Haus Federball oder Hopse gespielt. Irgendwann kamen Susi und Gerd und fragten, ob sie mitspielen dürfen. Von da an trafen wir uns regelmäßig, bei Susi im Garten, zum Schaukeln bei Gerd oder anderswo. Im Sommer waren wir gemeinsam im Schwimmbad. Es war eine schöne und unbeschwerte Zeit. Nach Beendigung der Schule schlug jeder einen anderen Weg ein und wir verloren uns aus den Augen. Ich wurde Friseuse, ein Beruf, den ich bis zur Rente ausübte. Sowohl das Handwerk als auch den Umgang mit den Menschen habe ich geliebt. Ich heiratete und zog Kinder groß. In diesem Jahr starb mein Mann. Er hatte studiert und dann verantwortungsvolle Aufgaben in der Industrie übernommen. Nach der Wende musste sein Betrieb schließen. Im Laufe der folgenden Jahre versuchte er vieles, konnte aber nicht wieder richtig Fuß fassen. Ich glaube, das hat ihn krankgemacht. Nach seinem Tod wollte ich niemanden sehen. Dann kam der Brief von Gerd, ob wir uns nicht treffen könnten. Wir haben uns lange unterhalten und obwohl wir uns mehr als fünfzig Jahre nicht gesehen hatten, war schnell eine gewisse Vertrautheit zu spüren. Wir kennen uns eben schon sehr lange.

Meine Einschulung rückte näher. Da ich im Juli geboren worden war, war ich bereits sieben Jahre alt, als dieses Ereignis anstand. Wenige Tage vor dem traditionellen Schuljahresbeginn am 1. September kam ich mit Gelbsucht ins Krankenhaus. Gelbsucht hatte sich 1960 epidemisch ausgebreitet. Die ersten Wochen wurde ich mit drei Männern in ein Quarantänezimmer gesteckt. Die Zeit scheint mir nicht lang geworden zu sein, da die Männer reihum Offiziersskat mit mir spielten. Trotzdem war ich froh, als man mich auf eine andere Station verlegte, wo ich regelmäßig besucht werden durfte. Man brachte mich in einen Schlafsaal, in dem sechs Betten standen, alle belegt mit Jungen meines Alters. Dieses „Kinderzimmer" galt als Experiment, das jedoch bald als gescheitert eingestuft wurde. Wir waren einfach nicht zu bändigen, spielten und tobten und machten nicht nur das Zimmer, sondern die ganze Station unsicher. In der Mittagspause waren wir schon mal im Garten unterwegs, im Schlafanzug versteht sich. Irgendwann beschloss die Leitung der Station, das Experiment zu beenden. Wir wurden nach und nach verlegt oder entlassen. Ich war der letzte, der nach Hause durfte, und das wahrscheinlich nur, weil Weihnachten vor der Tür stand. Man wollte mir wohl nicht zumuten, dieses Fest im Krankenhaus zu verbringen; vielleicht war man auch froh, mich loszuwerden.

Karin, geboren 1956 in Thüringen, erzählt

Weihnachten war für mich in doppelter Hinsicht der Höhepunkt des Jahres, zum einen wegen der damit verbundenen Traditionen, zum anderen weil ich einen Tag vorher Geburtstag hatte. Zu den Vorbereitungen auf das Fest gehörte das Stollenbacken. Das Rezept für die Stollen wurde seit Generationen in der Familie weitergegeben. Weihnachten ohne Stollen wäre schlicht undenkbar gewesen. In meiner Kindheit war es jedoch nicht leicht, die erforderlichen Zutaten zu beschaffen.

Meine Mutter hatte sieben Geschwister, weshalb Familienfeiern zu Großereignissen wurden. Selbst im engsten Kreis kamen schnell zwanzig Personen zusammen, die in unserer sechzig Quadratmeter kleinen Drei-Zimmer-Wohnung Platz finden mussten. Trotzdem fühlte sich niemand eingeengt, im Gegenteil, mir sind die Feiern als fröhliche und ausgelassene Runden in Erinnerung geblieben. Für größere Feste konnten wir ins Sportlerheim ausweichen. Mein Vater war aktiver Fußballer und hatte dort gute Kontakte. Wenn ich über unser damaliges Umfeld nachdenke, dann darf auch die Hausgemeinschaft nicht fehlen. Meine Eltern hatten als erste Familie einen Fernseher gekauft, weshalb viele aus dem Haus zu uns kamen, vor allem wenn Sportsendungen liefen. Sollte Bundesliga geschaut werden, musste die Antenne auf Westempfang gedreht werden. Dazu ging einer der Nachbarn aufs Dach, ein anderer blieb im Hausflur, um die Meldung weiterzugeben, dass das Fernsehbild jetzt klar oder doch noch grieselig sei.

Die Familie und der große Freundeskreis waren auch Garant dafür, dass wir alle Zutaten für unsere sechs Stollen zusammenbekamen. Anfang Dezember wurde der Teig zum Bäcker gebracht, um sie abbacken zu lassen. Am Abend zuvor musste mein Vater das Hefestück mit allen Zutaten zu einem Teig verarbeiten und diesen kräftig durchkneten. Eigentlich sollten die Stollen erst Weihnachten angeschnitten werden, doch wer hätte dann garantiert, dass sie gelungen waren? Der letzte Stollen kam traditionell zu Ostern auf den Tisch. Bevor ein Stollen angeschnitten wurde, musste er noch einmal gebuttert werden. Butter war rationiert, weshalb wir auch in dieser Frage auf die Hilfe von Verwandten und Freunden zurückgegriffen haben. Da jede Familie ein eigenes Rezept für die Stollen hatte, war es Gang und Gebe, Kostproben auszutauschen.

Zu den Traditionen rund um das Fest gehörte auch, dass uns die Großeltern besuchten. Sie wurden im Kinderzimmer untergebracht, ich schlief mit im Ehebett, meine Schwester auf der Couch. Die Geschenke, die wir erhielten waren meist praktische Dinge, die wir in der Schule oder zum Anziehen benötigten. Man war stolz, wenn man etwas Besonderes ergattert hatte, weshalb viele schon im Sommer begannen, nach Geschenken Ausschau zu halten. Für mich wurden zwei Gabentische vorbereitet, einen für Weihnachten und einen zum Geburtstag. Zu meinen Kindheitserinnerungen gehört auch die Puppenstube, die Weihnachten vom Boden geholt wurde. Jedes Jahr war eine kleine Neuerung zu bestaunen. Nach den Feiertagen verschwand sie wieder, da in der Wohnung nicht genügend Platz gewesen wäre. Heute bereitet mir das Schenken eher Kopfschmerzen als Freude, weil ich nicht weiß, womit ich meinen Enkeln eine Freude machen kann. Sie haben keine Wünsche, die ich ihnen erfüllen könnte.

Als ich mich kurz vor Weihnachten aus dem Krankenhaus verabschieden durfte, waren vier Monate ins Land gegangen, vier Monate, in denen Schule keine Rolle gespielt hatte, weshalb meine Einschulung um ein Jahr verschoben werden sollte. Zum neuen Einschulungstermin wäre ich acht Jahre alt gewesen, darüber hinaus würden alle meine Spielkameraden in der Schule sein, während ich mit Langeweile zu Hause säße. Meiner Mutter muss diese Vorstellung ein Graus gewesen sein, jedenfalls setzte sie alles daran, mit mir den verpassten Schulstoff nachzuholen, um vielleicht doch noch eine Einschulung im laufenden Jahr zu erreichen. Dieses Vorhaben erwies sich als schwierig. Mein Vater erzählte später, dass er nicht ganz sicher sei, wem von uns beiden, meiner Mutter oder mir, diese Zeit mehr Tränen gekostet hat. Die bürokratischen Hürden waren ebenfalls nicht gering, da eine derart verspätete Einschulung allen Gepflogenheiten widersprach. Die Hartnäckigkeit meiner Mutter führte letztlich zum Erfolg, und ich wurde im April 1961 eingeschult. Die späte Einschulung deklarierte man als Experiment auf eigenes Risiko. Da ich gut mithielt, wurde ich bald zum Vorzeigeobjekt der Lehrerschaft.

Die Gelbsucht hatte noch eine andere unangenehme Folge, denn ich sollte weiterhin jeden Tag eine Tablette schlucken, die viel zu groß war, um sie im Ganzen herunterzubekommen. Im Krankenhaus war es kein Problem gewesen, die Pillen verschwinden zu lassen, meine Mutter ließ sich jedoch nicht hinters Licht führen. Da ich die Tablette nicht schlucken konnte, wurde sie in Wasser aufgelöst, was die Sache im wahrsten Sinne bitter werden ließ. Im Rahmen der Nachsorge waren außerdem regelmäßig Blutuntersuchungen fällig. Die Blutabnahme fand in der Poliklinik statt. In der Poliklinik war nicht nur das Labor, dort arbeiteten auch Allgemeinmediziner, verschiedene Fachärzte und eine Röntgenabteilung. Alle waren Angestellte im stattlichen Gesundheitssystem, zudem auch die meisten der Krankenhäuser gehörten. Einmal war die Schwester, die mir Blut abnehmen wollte, der Verzweiflung nahe, weil sie in meinen dünnen Ärmchen keine Vene fand. Nach dem vierten ergebnislosen Herumstochern meinte sie, dass ich tapfer sei, was mich nicht sonderlich tröstete. Schließlich hatte sie ein Einsehen und rief einen Arzt zur Hilfe. Der lächelte mich an und schwupp lief das Blut ins Röhrchen. Die Abstände, in denen die Nachuntersuchungen stattfanden, wurden nach und nach größer, bis sie nach zehn Jahren endeten. Der Arzt, den ich sympathisch gefunden hatte, verscherzte es sich übrigens später mit mir, denn er schickte mich zum orthopädischen Turnen. Das nachmittägliche Turnen in der Gruppe war nicht nur lästig, sondern auch völlig spaßfrei. Die Einsicht, dass die dort trainierte Körperbeherrschung und Gelenkigkeit für das weitere Leben wichtig sein würden, stellte sich erst viel später ein.

Wiesenschule

Unsere Schule lag am Rand der alten Kernstadt. Der Weg von der Siedlung dorthin führte durch Wiesen, an einem Kanal entlang. Der Namen Wiesenschule war also vollends berechtigt. Für den Weg brauchten wir Knipse mindestens eine halbe Stunde. Mit dem Rückweg ließ ich mir meist Zeit. Man konnte über die Wiesen laufen, die Gegend erkunden, Blumen pflücken und Fische, Vögel oder anderes Getier beobachten. Da in den ersten Jahren der Unterricht meist auf vier Stunden begrenzt war, blieb genügend Zeit, um trotzdem rechtzeitig zum Mittagessen zu Hause zu sein. Im Winter war der zugefrorene Kanal unser Schulweg. Auf dem Eis entlang zu schliddern und eine Abkürzung über den Teich zu nehmen, war schneller und zudem spannender als das Getippel den Weg entlang. Nach der Schule war das Eis noch verführerischer, insbesondere dann, wenn die Eisflächen weich wurden oder aufgehackt worden waren. Dann konnte man „ledern" oder auf den Schollen reiten, was schon mal mit nassen Hosenbeinen endete. Wenn irgend möglich, zögerte ich in einem solchen Fall den Gang nach Hause solange hinaus, bis Hose und Schuhe als trocken durchgingen und keine unangenehmen Nachfragen provozierten.

In der Schule angekommen, mussten wir uns auf dem Schulhof anstellen, um mit dem ersten Klingeln klassenweise eingelassen zu werden. Mit dem zweiten Klingeln begann der Unterricht. Auf dem Foto der ersten Klasse zähle ich 35 Mädchen und Jungen, die auf Zweierbänken sitzen. Die Bänke waren in drei Reihen unlöslich miteinander verbunden. An jedem Platz war ein Tintenbehälter eingelassen, der jedoch nicht mehr benutzt wurde, da es Füllhalter gab, die ein eigenes Tintenreservoir besaßen. Jede Klasse hatte einen festen Raum. An der Wand unseres Raumes sehe ich den

Schriftzug „Junge Pioniere packen bei der Arbeit tüchtig zu". Natürlich waren wir alle „Junge Pioniere", die blauen Halstücher wurden allerdings nur zu Veranstaltungen hervorgeholt. Das ebenfalls zur Pionierkleidung gehörende weiße Hemd war besonderen Anlässen vorbehalten. Als Pionier war ein monatlicher Mitgliedsbeitrag von 10 Pfennigen zu entrichten. Einer der Schüler erhielt die verantwortungsvolle Aufgabe, die Kassierung zu übernehmen. Darüber hinaus konnte man Sparmarken erwerben, die in ein gesondertes Heft eingeklebt wurden, um später dem Sparbuch gutgeschrieben zu werden. Auf diese Weise sollte die Lust am Sparen geweckt werden, was bei mir durchaus funktioniert hat. Immer, wenn ich etwas Geld geschenkt bekam, kaufte ich stolz eine Sparmarke. Eine andere Möglichkeit, Geld zu erhalten, bestand in der Abgabe von Altstoffen. Die Sammelstelle mit dem „Rumpelmännchen" kaufte Altpapier, Lumpen, pfandfreie Flaschen und Gläser aber auch Knochen auf. Zeitungspapier und Pappen mussten gebündelt sein, Flaschen und Gläser wurden in der Annahmestelle nach Verwendungszweck sortiert. Weitaus lukrativer war es, Altmetall zum Schrotthändler zu bringen, was leider auch die Erwachsenen erkannt hatten.

An den Unterricht der ersten Jahre habe ich nur bruchstückhafte Erinnerungen. Im Gedächtnis geblieben sind mir die Rechenwettbewerbe, wohl, weil ich das eine oder andere Mal gewann. Jeweils zwei Schüler stellten sich an der hinteren Bankreihe auf. Die Lehrerin gab Aufgaben, die im Kopf gerechnet werden mussten. Wer am schnellsten richtig antwortete, durfte einen Schritt vortreten. Gewonnen hatte, wer als erster die vorderen Bänke erreichte. Neben den Standardfächern Lesen, Schreiben und Rechnen, gehörten Zeichnen, Werken und Heimatkunde, später auch Nadelarbeit und Gartenarbeit zum Unterrichtsprogramm. Die Heimatkunde bei Fräulein Lang war sehr praktisch angelegt. Fräulein Lang war eine zierliche, ältere Dame, stets akkurat, aber irgendwie altmodisch gekleidet. Sie war eine gute Lehrerin, die uns Rabauken, im Gegensatz zu mancher jungen Lehrerin, bestens im Griff hatte. Wir lernten, die Himmelsrichtungen zu bestimmen oder Pflanzen und Bäume der näheren

Umgebung zu benennen. Das Werken bestand in dieser Klassenstufe vor allem aus Bastelarbeiten mit Papier und Holz. In Nadelarbeit wurden die Grundlagen des Nähens, Stickens und Häkelns vermittelt, auch im Strümpfe stopfen durften wir uns versuchen. In der vierten Klasse sollte jeder von uns eine blaue Schürze für den Werkunterricht nähen. Vermutlich konnten einige Mütter der Versuchung nicht widerstehen, dem Produkt ihres Sprösslings auf die Beine zu helfen, jedenfalls hatten in der fünften Klasse alle ordentlichen Schürzen um. Alle Fächer wurden benotet, auch die Gartenarbeit.

Meine Problemfächer waren Singen und Sport. Ich hatte zwar eine ansprechende Stimme und sollte sogar im Chor mitsingen, aber das Gespür für den richtigen Ton war mir nicht in die Wiege gelegt worden. Im Chor wurde ich immer weiter nach hinten gestellt, bis ich freiwillig aufgab. Turnen war mir ein Graus, daran hatte auch die Schaukel nichts ändern können. In der kalten Jahreszeit kam das lästige Umziehen für die Turnhalle hinzu. Die meisten Jungen trugen lange Strümpfe, die an einem Leibchen mit Strumpfhaltern befestigt wurden. Die waren nicht nur unpraktisch, sondern auch peinlich. Ich kann bis heute nicht verstehen, wie man Strapse sexy finden kann. In der wärmeren Jahreszeit fand der Sport im Freien statt. Da unsere Schule keinen richtigen Sportplatz hatte, lief der Sportunterricht meist auf Mannschaftsspiele hinaus. Unserem jungen Sportlehrer gefiel diese Situation nicht. Mit viel Initiative und Eigenleistung sorgte er dafür, dass wir eine ordentliche Weitsprunggrube und eine Hochsprunganlage erhielten. Anlage klingt in diesem Zusammenhang allerdings etwas hochtrabend, denn nach dem Sprung landete man in aufgeschüttetem Sand. Darüber hinaus ließ er einen Kugelstoßring und eine Aschenbahn anlegen. Damit letztere die erforderliche Dichte, das heißt, Festigkeit erreichte, mussten wir vor jeder Sportstunde eine schwere Metallwalze einmal um die Bahn ziehen.

Zwischen dem Schulgebäude und dem Sportplatz lag der Schulhof. Nicht nur die Hofpausen fanden dort statt, sondern auch der wöchentliche Fahnenapell, für den zwei Fahnenmasten aufgestellt worden waren. Im

Winter waren am Ende des Hofs Kohlenberge zu bestaunen, über die der Heizer wachte. Er hatte gut zu tun, wollte er die Heizung des Hauses ausreichend füttern. Neben dem Heizer und einem Hausmeister gehörten auch Küchenkräfte zum Personal. Die Küche und der Speiseraum waren im Keller untergebracht. Gegen ein kleines Entgelt konnte man dort am Mittagessen teilnehmen. Die Schulspeisung wurde vor allem von Familien genutzt, in denen beide Elternteile arbeiten gingen, was damals noch nicht die Regel war. Viele dieser Familien nahmen auch die kostenlose Hortbetreuung in Anspruch, wo unter Aufsicht die Hausaufgaben erledigt wurden. Danach war Freizeit, für die ein Fundus an Spielen zur Verfügung stand. Manchmal war ich neidisch, vielleicht auch nur neugierig, weil ich diese Angebote nicht nutzen konnte. Diese Anwandlungen gingen allerdings schnell vorüber, da man mir versicherte, dass das Essen zu Hause besser sei. Darüber hinaus hatte ich dort mehr Freiheiten, als sie der Hort bieten konnte. Neben den Lehrern und den technischen Kräften gehörte natürlich auch einen Direktor samt Sekretariat zur Schule. Die Sekretärin half bei vielen kleinen Wehwehchen. Jeder Junge saß mindestens einmal bei ihr auf dem Stuhl, um ein aufgeschlagenes Knie oder andere Schrammen versorgen zu lassen. Im Sommer war die Sekretärin besonders wichtig, da zu ihren Aufgaben die Überwachung des Außenthermometers gehörte. Erreichte die Temperatur um zehn Uhr morgens einen vorgegebenen Wert, gab es Hitzefrei. Leider war sie auch in diesem Punkt sehr gewissenhaft und ließ sich nicht vom Bitten und Betteln der Schüler beeindrucken.

In den Ferien von Anfang Juli bis Ende August war ich mit meiner Mädchengang beinahe jeden Nachmittag in der Badeanstalt. Der Fußweg dorthin nahm eine halbe Stunde in Anspruch. Für zehn Pfennige, Erwachsene das doppelte, konnte man sich dort aufhalten, solange man wollte. Meine Jahreskarte kostete drei Mark. Mir machte es nichts aus, egal wie das Wetter war, stundenlang im Wasser zu sein. Wir haben getobt oder sind vom 3-Meter-Brett gesprungen. Zum Erreichen der Leiter genügten meine Schwimmkünste allemal. Als ich mich Jahre später zum

Schwimmkurs anmeldete, fiel der Bademeister fast vom Glauben ab, hatte er mich doch oft genug ermahnt, es beim Springen nicht zu toll zu treiben. Dass ich gar nicht richtig schwimmen konnte, wäre ihm nicht in den Sinn gekommen. Die Vormittage verbrachte ich mit Lesen. Meine bevorzugte Lektüre waren die Bildgeschichten des „Mosaik". Das Mosaik war nicht nur amüsant, mit ihm wurde auch Wissen, zum Beispiel über die Geschichte der Dampfmaschine, vermittelt. Mein erstes „richtiges" Buch war „Der Wildtöter" von James F. Cooper. Ich habe es in den ersten Sommerferien gelesen. Meine Lesekünste reichten damals nur für zwei bis drei Seiten pro Tag, so dass dieses Vorhaben die gesamten Ferien beanspruchte. Mit diesem Buch entdeckte ich die Lust am Lesen, darüber hinaus legte es den Grundstein für eine Indianer-Romantik, die mich lange Zeit begleitete. Die anderen Bände der Lederstrumpf-Erzählungen nahm ich mir in den folgenden Jahren vor, jedes Jahr eines. Die letzten Bände entsprachen immer weniger meinen Erwartungen. Erst später habe ich die in ihnen zum Ausdruck kommende tiefe Traurigkeit des Erzählers verstanden. Siedler hatten sich ausgebreitet, während seine Welt, die auch der Lebensraum der amerikanischen Ureinwohner gewesen war, unterging.

Die Einschulung hatte meinen Tagesablauf grundlegend verändert. Hinzu kam, dass meine Eltern ein Fernsehgerät angeschafft hatten. Die Benutzung dieses Geräts war streng geregelt, lediglich Kindersendungen und das Vorabendprogramm durfte ich sehen. Abends musste ich spätestens um acht Uhr im Bett sein, Licht aus. Wenn Klassenkameraden von Filmen aus dem Abendprogramm erzählten, konnte ich nicht mitreden. Die Wahl des Fernsehsenders war vom Programm abhängig, wobei ohnehin nur zwei Kanäle zur Auswahl standen. Die Kindersendungen waren im Ostfernsehen besser, das Vorabendprogramm mit Werbepausen war dem Westfernsehen vorbehalten. Dass es die Dinge, die dort angepriesen wurden, bei uns nicht zu kaufen gab, war für mich kein Problem, schließlich existierten auch Märchenfiguren nicht real. Der Sonntag wartete mit einem speziellen Fernseherlebnis auf. Ich aß sonntags oft bei meinen Großeltern zu Mittag, wo meist Kaninchenbraten und Klöße auf den Tisch kamen. Gegessen wurde um halb zwölf Uhr, wodurch wir, mein Opa und ich, um zwölf Uhr auf der Couch liegen konnten, um Werner Höfers Frühschoppen zu sehen. Ich bin mir nicht sicher, ob ich in jener Zeit überhaupt verstand, worum es bei den Diskussionen ging, haften geblieben ist, dass es zu politischen Themen oft unterschiedliche, ja gegensätzliche Meinungen gibt, die trotzdem ruhig und mit Respekt voreinander besprochen werden können.

Für mich spielte Politik noch nicht wirklich eine Rolle. Wir waren zwar Junge Pioniere und es fanden Fahnenapelle und Pioniernachmittage statt, aber Spielen und Erlebnisse standen immer im Vordergrund. In diesem Zusammenhang sind mir zwei Traditionen in Erinnerung geblieben. Zur Sommersonnenwende wurde auf unserem Sportplatz ein großes Feuer entzündet. Reden wurden aus diesem Anlass nicht gehalten, nicht einmal an Lieder kann ich mich erinnern. Zuzusehen, wie sich die Flammen durch den Holzstapel fraßen bis sie irgendwann mangels Nachschubs erstarben, war faszinierend genug. Eine andere Tradition waren die Demonstrationen zum 1. Mai. Ich sehe noch, wie wir in unseren weißen Hemden mit dem Pioniertuch und selbst gebastelten Friedenstauben, das Lied von der „kleinen weißen Friedenstaub" auf den Lippen, durch die Stadt laufen. Völlig unvermittelt, eben hatte noch die Sonne geschienen, erwischte uns ein Schauer aus Regen und Schnee. Vielleicht war der Schnee der Grund dafür, dass mir dieser 1. Mai als einziger aus jenen Jahren lebhaft im Gedächtnis geblieben ist. Zu den Traditionen rund um den ersten Mai gehörte auch, die Türen und Tore mit Maiengrün, dem jungen Laub der Birken, zu schmücken. Die Tradition der Sonnenwendfeiern, aber auch das Schmücken mit Maiengrün, verschwanden in den folgenden Jahren, was wahrscheinlich dem sich verändernden Zeitgeist geschuldet war.

Ein einschneidendes politisches Ereignis jener Zeit war der Bau der Berliner Mauer, das heißt, die Schließung der Grenze zu West-Berlin. Für mich war Berlin weit weg. Mein Opa hatte zwar einen Bruder dort, aber den hatte ich nur einmal gesehen. Der Mauerbau berührte mich, gerade acht Jahre alt geworden, daher nicht wirklich, er war zudem kein Thema, das die Erwachsenen in meinem Beisein besprachen.

Marianne, geboren 1946, erzählt

Meine Eltern stammten aus Pommern, sie kamen 1941 nach Berlin. Nach dem Krieg arbeitete mein Vater im Wohnungsbau, meine Mutter begann 1949 als Verkäuferin im staatlichen Handel. Sie war dort in den Schichtdienst eingebunden und brauchte deshalb eine Betreuung für mich. In dieser Zeit öffneten die ersten Kindergärten, so dass ich mit drei Jahren Kindergartenkind wurde. Später konnte meine Mutter die Leitung ihrer Verkaufsstelle übernehmen. Sie erzählte oft von ihrer Arbeit, von den Versorgungsschwierigkeiten, von Problemen mit Kollegen und von „unmöglichen" Kunden. Es ärgerte sie, wenn Leute die preiswerten und oft knappen Lebensmittel in großen Mengen aufkauften, um sie in West-Berlin zu verscherbeln. Dieses Gebaren widersprach ihrem Sinn für Gerechtigkeit, nicht zuletzt, weil manche arbeitende Frau abends vor leeren Regalen stand. Ähnliches empfand sie für unsere Nachbarn, die in West-Berlin arbeiteten, aber im Osten billig wohnten und einkauften.

1953 wurde ich eingeschult. Als die Grenze am 13. August 1961 geschlossen wurde, waren Ferien. Ich war zur Erholung an der Ostsee. Wenn ich heute darüber nachdenke, wie der Mauerbau auf mich wirkte, dann drängen sich widersprüchliche Erinnerungen auf. Einerseits war da eine gewisse Genugtuung, dass den Schiebern und Spekulanten ein Riegel vorgeschoben worden war. Unsere Nachbarn, die in West-Berlin arbeiteten, kamen nicht in den Osten zurück. Andererseits waren auch Lehrer weggeblieben, die schmerzliche Lücken hinterließen. Da wir keine nahen Verwandten oder Freunde im Westteil der Stadt hatten, traf uns die Schließung der Grenze aber nicht direkt. Mir ist bewusst, dass andere härter betroffen waren. Ich vermisste vor allem das Kino am Bahnhof Gesundbrunnen, das wir nach nur drei Bahnstationen erreicht hatten. Mit meinen Eltern war ich außerdem ab und an zu Veranstaltungen in der Deutschlandhalle und zu Fußballspielen von Hertha BFC gewesen, was nun ebenfalls nicht mehr ging. Besonders traurig war, dass der Nachschub an Kaugummi ausblieb. Nicht, dass ich Kaugummi unbedingt gebraucht hätte, aber den Packungen waren kleine Bildchen beigefügt, die ich gesammelt hatte. Das Tauschen der Bilder mit Freunden war ein großer Spaß gewesen.

Dass der Mauerbau nicht in meinem Beisein besprochen wurde, bedeutet nicht, dass meine Familie unpolitisch gewesen wäre. Beide Großeltern waren in ihrer Jugend in der Arbeitersportbewegung aktiv gewesen. Mein Opa mütterlicherseits verstand sich, obwohl er nun selbständiger Handwerksmeister war, weiterhin als Arbeiter. Er ließ es sich nicht nehmen, in der Werkstatt kräftig zuzupacken. Das bekam ich an der Stärke seines Griffs zu spüren, der mich wie ein Schraubstock umklammern konnte. Es kränkte ihn, dass er als Unternehmer, der er nun war, nicht mehr Mitglied der Gewerkschaft sein konnte. Der Kommunistischen Partei, später der Sozialistischen Einheitspartei (SED), blieb er bis zu seinem Tode treu. Meine Mutter war Mitglied der Liberal Demokratischen Partei. Diese Partei stellte in Jüterbog den Bürgermeister, bei dem sie als Sekretärin gearbeitet hatte. Meine Großeltern väterlicherseits waren vor 1933 in der Sozialdemokratie aktiv gewesen, nach dem Krieg nahmen sie die Tätigkeit in ihrer Partei wieder auf. Sie begrüßten die Vereinigung der beiden Arbeiterparteien zur SED und engagierten sich für den Aufbau einer sozialistischen Gesellschaft. Mein Vater war als Schüler bei den Pimpfen und dann in der Hitler-Jugend gewesen. 1944 zog er, mit sechzehn Jahren, in den Krieg. Nach seiner Rückkehr wollte er von Politik nichts mehr wissen. Sein Vater, mein Opa, war später in leitenden Funktionen im Kreis tätig und dort unter anderem für die Schulen zuständig. 1962 erschütterte ein Ereignis seinen Lebensweg wie auch den seiner Tochter. Meine Tante besuchte damals die Erweiterte Oberschule. Während einer Klassenfahrt an die Ostsee hatten sich einige Schüler einen unziemlichen Spaß erlaubt und Walter Ulbricht, den damaligen Partei- und Staatschef der DDR, symbolisch zu Grabe getragen. Ulbricht war nicht beliebt, seine hohe Stimme und der leicht sächselnde Tonfall hatten sicher einen Anteil daran. Hinzu kam der Mauerbau, den er zu verantworten hatte und der von vielen als gravierende Einschränkung empfunden wurde.

Renate, geboren 1944, erzählt

Nach Beendigung der 8. Klasse, damals noch mit Prüfung und Abschlusszeugnis, war ich an die Erweiterte Oberschule gewechselt. Auf dem Plan stand nicht nur die Vorbereitung auf das Abitur, sondern auch eine Berufsausbildung zum Facharbeiter für Landwirtschaft. In den Ferien nach der 11. Klasse fuhr ein großer Teil von uns an die Ostsee, in ein Lager für Arbeit und Erholung. Die Arbeit wurde in einem Landwirtschaftsbetrieb geleistet, um praktische Erfahrungen im Lehrberuf zu sammeln. Ich konnte wegen anderer Verpflichtungen nicht mitfahren. Im Lager waren auch Schüler aus Leipzig, die sich mit den Mädchen und Jungen meiner Klasse gut verstanden. Sie gestalteten die Freizeit gemeinsam, wobei das Feiern nicht zu kurz kam. Nach der Rückkehr von der Ostsee besuchten sich die Schüler gegenseitig. Bei den Treffen in Leipzig und Jüterbog war ich dabei.

Die Schule hatte kaum wieder begonnen, als die Polizei meiner Klasse einen Besuch abstattete und uns zur Reise an die Ostsee befragte. Außerdem wurden unsere Taschen kontrolliert. Später erfuhren wir, dass bei einigen sogar Hausdurchsuchungen durchgeführt worden waren. Die Geschichte, dass Schüler ein Bild Walter Ulbrichts beerdigt hatten, machte die Runde. Wie wir erfuhren, hatte ein externer Betreuer, der beim Klauen erwischt worden war, dies der Polizei erzählt. Außerdem hieß es bald, es wären Orgien gefeiert worden und viele Mädchen wären schwanger. Den Jungen, die die Akteure des „Begräbnisses" gewesen waren, wurde der Prozess gemacht. Sie wurden, soweit ich weiß, zu eineinhalb Jahren Haft verurteilt. Meine Klasse wurde aufgelöst und alle, die an der Fahrt oder den gegenseitigen Besuchen teilgenommen hatten, wurden verpflichtet, arbeiten zu gehen. Meinen Vater hat man zur „Bewährung" als Ortsvorsteher in ein Dorf des Kreises versetzt. Die Mädchen sollten sich zudem einem Schwangerschaftstest unterziehen. Letzteres ging der zuständigen Ärztin zu weit. Sie beschwerte sich an übergeordneter Stelle,

worauf diese Frage stillschweigend zu den Akten gelegt wurde. Die
Rigorosität der Maßnahmen war wahrscheinlich der politischen Lage nach
dem Mauerbau geschuldet, vielleicht hatte sich auch ein örtlicher
Funktionär auf unsere Kosten profilieren wollen. Wir, die geschassten
Schüler, schauten uns eigenständig nach Lehrstellen um. Ich begann eine
Ausbildung als Laborantin. Ein Teil meiner Mitschüler holte das Abitur auf
der Abendschule nach, um später zu studieren.

Fünf bis acht

Meist werden einem die Etappen, die das Leben durchläuft, erst in der
Rückschau bewusst. Ein solcher Einschnitt war mit dem Übergang in die
fünfte Klasse verbunden. Zu den Veränderungen zählte, dass die Klasse
Zuwachs bekam. Für Wohngebiete, die weiter abseits gelegen waren,
hatte es eine separate Grundschule gegeben, deren 4. Klasse auf die
beiden Klassen der Wiesenschule aufgeteilt wurde. Wir waren nun über
vierzig Mädchen und Jungen. Dieser Zuwachs änderte das Gefüge der
Klasse, neue Freundschaften entstanden. Neuerungen betrafen auch die
Lerninhalte. Rechnen wurde zu Mathematik, Deutsch gliederte sich in
Literatur, Ausdruck, Rechtschreibung und Grammatik. Hinzu kamen
Biologie, Erdkunde, Geschichte und Russisch als Fremdsprache.
Nadelarbeit hatte ausgedient, das Werken fand jetzt in einem
Werkstattraum statt. Ab der sechsten Klasse wurden wir in die Physik
eingeführt. Für mich änderte sich auch in anderer Hinsicht einiges. Meine
freie Zeit verbrachte ich jetzt mehr mit den Jungen der Klasse, die
Mädchenclique geriet nach und nach in den Hintergrund. Außerdem hatte
ich schon einige Zeit vorher von anderen Kindern Fahrradfahren gelernt.
Höhepunkt dieses Bestrebens war ein veritabler Sturz. Ich landete in einer
Pfütze, der einzigen weit und breit. Das Fahrrad wurde trotzdem bald
unentbehrlich, mit ihm war ich schneller unterwegs, außerdem wurde
mein Bewegungsradius größer.

In einer Gruppe gleichaltriger Jungen kommt man schnell auf dumme Gedanken. In unserer Truppe war es ein Unding, mit zwölf Jahren noch nicht geraucht zu haben. An Zigaretten zu kommen, war kein Problem, schließlich wurde in fast allen Familien dem Qualm gehuldigt. Wenn uns nichts anderes einfiel, konnten wir Zigaretten bei den Russen schnorren. Jüterbog war seit Kaisers Zeiten Garnisonsstadt gewesen, nach dem Krieg waren die Kasernen von der Sowjetarmee übernommen worden. Dass ein großer Teil der dort stationierten Soldaten aus fernen Gebieten der Sowjetunion kam, sie also streng genommen keine Russen waren, spielte damals wie heute im Sprachgebrauch kaum eine Rolle. Ein Teil dieser Kasernen lag nur wenige Meter von unserer Siedlung entfernt. Der Zugang wurde durch eine Schranke mit Posten gesichert. Die Posten waren zu uns meist freundlich. Sie hatten Langeweile und wir brachten etwas Abwechslung in ihre Wache. Das galt allerdings nur, wenn kein Offizier in der Nähe war. Einmal erhielten wir, als wir nach Zigaretten fragten, Papirossi angeboten. Da wir etwas hilflos dreinschauten, weihte uns einer der Soldaten in deren „Geheimnis" ein. Diese Zigaretten waren etwas dicker als andere, dafür aber nur halb so lang. Die andere Hälfte bestand aus Pappe, mit der ein Mundstück geformt werden konnte. Unsere etwas hilflosen Versuche amüsierten die Soldaten. Als wir dann den ersten Zug machten und uns vor Husten kaum halten konnten, hatten sie erst recht ihren Spaß. Die Dinger waren stark!

Das Rauchen war mir damals kein Bedürfnis, es war mehr ein Ausprobieren, um von den anderen akzeptiert zu werden. Akzeptanz bei anderen Jungen zu finden, war immer wieder mein Problem. Anfangs spielte eine Rolle, dass meine erste Clique aus Mädchen bestanden hatte und mir das Hierarchiegerangel der Jungen fremd war. Später kam hinzu, dass ich vorpubertären Speck angelegte und als Dicker gehänselt wurde. Ich war zwar ein guter Schüler, aber das half in dieser Frage wenig weiter, eher im Gegenteil. In diesem Zusammenhang fällt mir ein Skandal ein, der in jener Zeit hohe Wellen schlug und die Klasse, mehr noch die Eltern einiger Schüler, in arge Verlegenheit brachte. Einer der Jungen hatte bei seinem Vater, einem Polizisten, Bilder nackter Frauen in aufreizenden Posen gefunden und sie ausgewählten Freunden gezeigt beziehungsweise geschenkt. Ich weiß nicht, wie das herausgekommen ist, es wirbelte jedenfalls mächtig Staub auf. Die einberufene Versammlung der betroffenen Eltern muss von besonderer Art gewesen sein, wohl auch, weil in den Familien Sex zu den wenig oder gar nicht besprochenen Themen gehörte. Leider kann ich nichts Authentisches über die Versammlung berichten, denn ich hatte nicht zum auserwählten Kreis der Jungen gehört, der Zugang zu den Bildchen erhielt. Ich bin mir nicht sicher, ob ich mich freute, dass dieser Kelch an mir vorübergegangen war, oder eher ärgerte, wieder einmal nicht dazugehört zu haben.

Vielleicht war das Manko an Akzeptanz auch ein Grund dafür, dass ich mich für die Wahl zum „Klassensprecher" bewarb. In meiner Klasse waren alle Schüler Mitglied in der Pionierorganisation. Die Klasse wählte einen Gruppenrat und aus seiner Mitte einen Vorsitzenden. Diese Funktion hatte Frank innegehabt, der sie nun abgeben wollte. Die Klasse war mit mir als neuen Vorsitzenden des Gruppenrats einverstanden; es hatte meines Wissens auch keine anderen Bewerber gegeben. Meine Aufgabe bestand vor allem darin, die Klassenlehrerin bei der Organisation von Veranstaltungen zu unterstützen. Als Gruppenratsvorsitzender wurde ich außerdem zu zentralen Besprechungen eingeladen, um dort meine Klasse zu vertreten. Besonders in Erinnerung geblieben ist mir die Diskussion der neuen Schulordnung, die in einer breiten Aussprache mit Lehrern und Schülern erarbeitet werden sollte. Ich war der Jüngste in dieser Runde und hörte vor allem zu. Trotzdem machte es mich stolz, dass einige Anregungen der Schülervertreter in die neue Schulordnung aufgenommen wurden. Spannend fand ich auch, dass ich bei den Fahnenappellen die Bereitschaft „meiner" Klasse melden durfte. Die bei diesen Anlässen verwendete Grußformel der Pioniere „Seid bereit" wurde mit „Immer bereit" beantwortet. Für einige Jungen wurde „Immer bereit" später Teil des pubertären Machogehabes.

Frank, geboren 1953, erzählt

Meine Familie stammte aus Crimmitschau. Im Sommer nach der ersten Klasse zogen wir nach Jüterbog, wo ein Freibad eröffnet worden war, das einen Bademeister suchte. Mein Vater erhielt die Stelle, auch meine Mutter konnte im Bad arbeiten. Mit der Anstellung war eine Wohnung unmittelbar an der Badeanstalt verbunden. Obwohl mich in der ersten Klasse zweimal der Scharlach erwischt hatte und trotz des Umzugs gehörte ich in Jüterbog bald zu den leistungsstärksten Schülern. Mit unserer Klasse hatten es die Lehrer nicht leicht. Zum einen waren wir sehr viele Schüler, zum anderen galt es, einige Rabauken zu bändigen. Da war zum Beispiel Dieter, der nicht stillsitzen konnte und dessen Zündschnur als außerordentlich kurz bezeichnet werden muss. Einmal brach, warum auch immer, seine Bank zusammen. Er sprang unvermittelt auf, um sie zu reparieren. Diese Aktion war nicht nur hektisch, sondern auch laut. Die Lehrerin fuhr ihn an, er solle Ruhe geben, worauf er ihr wutentbrannt die Bücher vor die Füße warf. Mit den Worten „dann machen sie ihren Scheiß allein" rannte er raus. Die junge Lehrerin war schockiert und mit der Situation augenscheinlich überfordert.

Ich verbrachte viel Zeit im Schwimmbad. Als ich elf Jahre alt war, bildete mich mein Vater zum Rettungsschwimmer aus, so dass ich nun gewissermaßen amtlich zu deren Clique gehörte. Bald war mir die Clique wichtiger als die Pionierarbeit. Zu den unvergesslichen Erlebnissen zählte, wenn sowjetische Soldaten das Schwimmbad besuchten. Sie kamen regelmäßig mit 100 bis 150 Männern, um Sport zu treiben. Schon, wenn sie sich auszogen, waren wir fasziniert. Sie hatten keine Badehosen, sie sprangen in schlabbrigen Unterhosen herum. Springen ist überhaupt das Stichwort. Ihr größtes Gaudi bestand darin, vom 3-Meter-Brett ins Becken zu springen. Sie kannten offensichtlich nur Sprungtürme ohne Brett, so dass dessen Benutzung zu abenteuerlichen Figuren des Herabstürzens führte. Johlende Zuschauer waren ihnen gewiss. Einmal war ein Soldat in seinem Überschwang zu dicht am Beckenrand gelandet und hatte sich den Kopf verletzt. Mein Vater verarztete ihn und verband die Wunde. Als die Soldaten das Bad verließen, war der Verband verschwunden. Sie hatten

Zeitungspapier auf die Wunde gelegt und dieses mit einer undefinierbaren Paste bestrichen. Jeder hat eben seine eigenen Methoden.

Mit dem Beginn der siebten Klasse waren erneut Veränderungen verbunden. Schulisch lässt sich dies recht präzise festmachen, denn Fächer wie Chemie und Technisches Zeichnen standen nun auf dem Stundenplan. Außerdem gingen wir jede zweite Woche zu einem Unterrichtstag in die Produktion (UTP). Der Betrieb, der uns unter die Fittiche nahm, war die Reichsbahn. Es gab zwar kein deutsches Reich mehr, doch der Name war geblieben, da er mit rechtlichen Fragen der Nachkriegsordnung in Verbindung stand. Dass uns die Bahn betreute, hing wiederum damit zusammen, dass es in Jüterbog kaum andere größere Betriebe gab, die dafür in Frage gekommen wären. Auf dem Gelände des Bahnbetriebswerks, wo Waggons und Lokomotiven repariert beziehungsweise generalüberholt wurden, war für uns ein ausgedienter Wagen als Werkstatt hergerichtet worden. Wir sollten uns in Metallverarbeitung üben: Feilen, Bohren, Sägen, Gewindeschneiden und ähnliches. Unser Ausbilder betrachtete das Feilen als die Mutter aller Fertigkeiten, weshalb wir dies stundenlang üben durften. Trotz aller Bemühungen blieben die Fortschritte überschaubar. Ich war nicht der einzige, dem es verwehrt blieb, eine dem gestrengen Auge des Meisters gefällige plane Oberfläche zu erreichen. Zu den angenehmen Seiten dieses Tages zählte, dass der Weg zum Bahnbetriebswerk an manchem Gebüsch vorbeiführte, auch an einem Übungsplatz der Sowjetarmee, wo Wälle, Gräben und Bunker auf Erkundung warteten. Dort war man vor neugierigen Augen sicher, so dass wir in Ruhe manchen pubertären Unsinn treiben konnten. Details verbieten sich an dieser Stelle.

Die praktische Ausbildung wurde durch das Fach „Einführung in die sozialistische Produktion" (ESP), das alternierend in der Schule gelehrt wurde, ergänzt. An den theoretischen Teil dieses Fachs, der Einblicke in wirtschaftliche Zusammenhänge vermitteln sollte, habe ich keine Erinnerung. Im Gedächtnis geblieben ist mir die dort ebenfalls gegebene Einführung in die Elektrotechnik. In der Schulwerkstatt bastelten wir einfache Schaltkreise, unter anderem bauten wir ein Teil, mit dem man einen Radiosender empfangen konnte. Unsere Schulform wurde also nicht zu Unrecht Polytechnische Oberschule (POS) genannt. Sie war im Übrigen keine Besonderheit der Wiesenschule, das Schulsystem war staatlich organisiert und republikweit einheitlich.

In und um Jüterbog waren zigtausend sowjetische Soldaten, Offiziere und deren Familien stationiert. Man nahm sie in der Stadt trotzdem kaum wahr. Sie hatten eine eigene Versorgung und eine eigene Schule. Wir konnten bei ihnen einkaufen, was wir auch gern taten, denn in ihrem Kaufhaus wurden Produkte angeboten, die im örtlichen Handel nicht oder nur selten auftauchten. Ab und an sah man Offiziere oder deren Ehefrauen in der Stadt einkaufen. Der Geruch des markanten Parfüms, das sie umschwebte, ist mir noch heute in der Nase. Die Soldaten durften die Kasernen nur in Gruppen mit einem Offizier verlassen. Private Kontakte entstanden daher kaum, am ehesten noch bei den obligatorischen gegenseitigen Einladungen zwischen Betrieben und Armeeeinheiten, die sich jedoch meist auf das Führungspersonal beschränkten. Diese Begegnungen waren bei den Ehefrauen nicht sonderlich beliebt, weil zu solchen Anlässen der Wodka in Strömen floss. Es musste schließlich auf alles Mögliche angestoßen werden. Waren persönliche Kontakte, auch wegen der Sprachbarriere, eher die Ausnahme, so war die Sowjetarmee mit ihren Kasernen und den militärischen Übungsgeländen doch allgegenwärtig. Einige Schüler machten sich die Situation zunutze. Sie bauten ein florierendes Geschäft mit Soldaten, vor allem mit jenen, die in Werkstätten arbeiteten, auf. Durch ein Loch im Zaun lieferten sie Schnaps. Im Gegenzug erhielten sie LKW-Batterien, die dann mit sattem Gewinn beim Schrotthandel veräußert werden konnten.

Hannelore, geboren 1953, erzählt

Meine Mutter stammte aus Schlesien, mein Vater aus Riga. Sie hatten sich als Flüchtlinge kennengelernt. Die Familie wurde in der Nähe von Jüterbog bei einem Bauern einquartiert. Dort mussten sie für Unterkunft und

Verpflegung hart arbeiten, so dass sie froh waren, als sich eine andere Möglichkeit ergab. Mein Vater, der sowohl russisch als auch deutsch sprach, wurde von der russischen Kommandantur in Jüterbog als Dolmetscher angeheuert. Mit dieser Anstellung war die Zuteilung einer Wohnung verbunden. An Garnisonsstandorten waren die Soldaten seit Kaisers Zeiten in Kasernen untergebracht, während für die Offiziere und ihre Familien Häuser außerhalb der Kasernen errichtet worden waren. In den auf diese Weise entstehenden Stadtteilen oder Ortschaften siedelten sich Bäcker, Fleischer und andere Dienstleister an. Bei Jüterbog künden noch heute die Ortsnamen „Altes Lager" und „Neues Lager" von dieser Entwicklung. Nach dem Krieg übernahm die Sowjetarmee die Kasernen und die Offizierswohnungen. Die Wohnung, die wir erhielten, war in Altes Lager gelegen. Ihr Nachteil war der permanente Lärm von Fliegern, Panzern und anderen Fahrzeugen. Da sich die Fahrer, wenn sie den Ort passierten, kaum an die Straßenverkehrsordnung hielten, kam es mitunter zu gefährlichen Situationen, auch zu tragischen Unfällen. Für uns Kinder hatte die Lage der Wohnung den Vorteil, dass es rund um die Kasernen viele spannende Dinge zu entdecken gab. Unsere Streifzüge wurden meist toleriert; Kindern ließen die Russen viel Raum. Das Zusammenleben mit den Offizieren und ihren Familien im Ort gestaltete sich weitgehend problemlos. Wie überall, gab es unter ihnen freundliche und hilfsbereite und andere, denen man lieber aus dem Weg ging. Die meisten waren froh, in der DDR stationiert zu sein, da hier die Lebensumstände besser waren als in ihren Heimatorten. Am Ende ihres Einsatzes konnten sie in den gut sortierten Spezialgeschäften einkaufen und Möbel, Haushaltsgeräte oder Kleidung mit nach Hause nehmen.

Den Soldaten ging es längst nicht so gut. Sie stammten oft aus fernen Gegenden der Sowjetunion, keiner war ein derartiges Lagerleben weit weg von zuhause gewohnt. Sie durften zudem das Gelände der Kasernen nicht verlassen. Ein Zaun ist jedoch kein unüberwindbares Hindernis, zumal, wenn der Hunger plagt. Immer wieder wurde in die örtliche Bäckerei eingebrochen und Brot gestohlen. Dabei gingen Fenster zu Bruch, ein

Schaden der schwerer wog als das verlorene Brot. Nach mehreren Einbrüchen ging der Bäcker dazu über, zwei Fenster offenstehen zu lassen und Brot in Reichweite zu platzieren. So war beiden Seiten geholfen. Dass manchmal Soldaten ausrasteten und Amok liefen, war unter diesen Umständen fast verständlich. Man erzählte sich von Fluchtversuchen, von Schießereien und Vergewaltigungen. Jeder Vorfall war für die Betroffenen furchtbar, gemessen an den hunderttausenden Soldaten, die hier im Laufe der Zeit stationiert waren, blieben es jedoch Einzelfälle. Ich fand vor allem schlimm, dass man nicht darüber reden durfte, dass diese Vorfälle, wie auch deren Ursachen, totgeschwiegen wurden.

Zum Ende der sechsten Klasse änderte für mich vieles, was damit zusammenhing, dass meine Mutter völlig unerwartet verstarb. Sie war ins Krankenhaus gegangen, um sich die Mandeln entfernen zu lassen, die ihr immer wieder Probleme bereitet hatten. Bei diesem Routineeingriff erlitt sie einen Blutsturz, auf den man nicht schnell genug reagieren konnte. Näheres erfuhren wir nicht. Als ich an diesem Tag aus der Schule kam, erwartete mich mein Vater auf dem Hof, was völlig ungewöhnlich war. Er musste mir die traurige Situation erklären. Ich weiß nicht mehr, wie ich reagierte. Meinen Vater habe ich später nicht auf diese Stunden angesprochen, denn sie waren für uns beide sehr schmerzlich. Aus dem Schleier, der sich über die Erinnerungen an diese Tage legte, blitzen einige Schlaglichte auf. Ich kann mich erinnern, dass mich in den Jahren davor immer mal wieder die Frage beschäftigt hatte, wie es sein würde, wenn meine Mutter stürbe. Mir schien es unvorstellbar, dass ich sie dann nicht wiedersehen könnte. Nun war diese Situation eingetreten. In meinem Kopf hämmerte es, dass sie mich nie wieder in die Arme nehmen wird. Dieses Erlebnis hat mich in mancherlei Hinsicht geprägt, auch ein Stück weit abergläubisch gemacht. Ich gestatte mir bis heute keine Gedanken an Unfälle oder andere Ereignisse, die einem mir lieben Menschen Schaden zufügen könnten. Eine andere Erinnerung ist mit der Erfahrung verknüpft, dass man nie unterschätzen sollte, was Kinder hören und verstehen. Mein Vater hatte neben aller Trauer vieles zu erledigen. Verwandte und Freunde mussten benachrichtigt werden, außerdem waren die Beisetzung und die Trauerfeier zu organisieren. Am Abend kamen enge Vertraute zu uns, um meinem Vater bei diesen Dingen zur Seite zu stehen. Mich schickte man ins Bett und dachte wohl, ich schlafe. Die Tür blieb sicherheitshalber offen. Ich bekam jedes Wort mit und war entsetzt, wie man sich wenige Stunden nach diesem Schicksalsschlag mit banalen organisatorischen Dingen beschäftigen konnte. Für die Beisetzung erhielt ich einen Anzug, den ich auch nur zu diesem einen Anlass trug. Die Beisetzung selbst erlebte ich wie in Trance. Dass Leute, bekannte und mir unbekannte, am Grab zu mir kamen, um mir ihr Beileid auszudrücken, war alles andere als tröstlich, für mich war es eine Zumutung. Danach saß man bei Kaffee und Kuchen und manchem Schnaps beisammen, als gäbe es einen Anlass zum Feiern. Schwierig war auch, dass mein Vater bald alle Sachen meiner Mutter verschenkte. Heute kann ich verstehen, dass er nicht immerfort an sie erinnert werden wollte, damals war es für mich, als würde man sie mir ein zweites Mal entreißen. Ein sachliches Gespräch mit dem „Kleinen" hätte sicher manches erleichtert.

Nach wenigen Tagen wollte ich wieder zur Schule gehen, in den normalen schulischen Alltag zurückkehren. In der Schule hatte ich anfangs den Eindruck, dass nicht nur meine Freunde, sondern auch die Lehrer nicht recht wussten, wie sie mit mir umgehen sollten. Daheim war die Situation ebenfalls schwierig. Meine Großeltern hatten ihr einziges Kind verloren; sie waren vor Schmerz wie gelähmt. Nach einiger Zeit gab mein Opa seinen Betrieb auf, auch weil sich mit der Gründung der Landwirtschaftlichen Produktionsgenossenschaften das Geschäft immer weniger lohnte. Die Instandhaltung der Maschinen erfolgte nun in den Genossenschaften, unterstützt von Landtechnischen Instandsetzungswerken (LIW). Im LIW Jüterbog wurden beispielsweise Motoren in einem getakteten Ablauf runderneuert. Dort fand mein Vater Anstellung. Er konnte bald eine verantwortungsvolle Aufgabe übernehmen, deren Wahrnehmung allerdings an eine Weiterbildung gebunden war. Das Fernstudium fiel ihm sehr schwer, nicht zuletzt wegen der kriegsbedingten lückenhaften

Schulbildung. Schreiben hatte er zum Beispiel in Frakturschrift (Sütterlin) gelernt, die nur noch wenige lesen konnten, weshalb er sich mit einer lateinischen Druckschrift behalf. Außerdem begann er, sich in der Gewerkschaft zu engagieren. Er hat allerdings wenig darüber erzählt, wie überhaupt die Kommunikation zwischen uns spärlich blieb. Jeder hatte irgendwie sein eigenes Leben. Erinnern kann ich mich an eine Reise mit seiner Gewerkschaftsgruppe ins polnische Riesengebirge, zu der die Ehepartner eingeladen waren. Ich fungierte gewissermaßen als Ehepartnerersatz. Es war meine erste Reise ins Ausland, sie wurde trotzdem nicht zu einem großen Erlebnis, weil ich mich fehl am Platz fühlte und der „Alte" mehr als einmal peinlich war. Die Gewerkschaftsarbeit meines Vaters fand Anerkennung, was sich unter anderem darin ausdrückte, dass er zu einem Kongress nach Berlin fahren durfte. In dieser Zeit trat er auch der SED bei.

Die familiären Veränderungen hatten zur Folge, dass ich nun in vielerlei Hinsicht auf mich gestellt war. Ich musste oder durfte mein Leben weitgehend selbst organisieren. Zu meinen Aufgaben zählte der Einkauf für den täglichen Bedarf. Ich erhielt Wirtschaftsgeld, das ich mit einem Haushaltsbuch abzurechnen hatte. Im Winter kamen das Schneeschippen und die Betreuung des Ofens hinzu. Mein Vater heizte nach dem Aufstehen den Kachelofen im Wohnzimmer an, den ich, bevor ich zur Schule ging, zuschrauben sollte, damit er die Wärme hielt. In der Küche war ein kleiner Herd installiert, der nur solange Wärme gab, wie er befeuert wurde. Der Badeofen wurde sonnabends angeschmissen. Der Sonnabend war bis 1967 ein halber Arbeitstag und das Bad am Abend der Start ins Wochenende. Sonnabend wird gebadet war eine vieldeutige Redewendung. Für das Putzen der Wohnung und zum Wäschewaschen bekamen wir Hilfe aus der Familie. Abends war ich meist bei meinen Großeltern, auch weil mein Vater oft spät nach Hause kam. Dass ich nicht schlafen konnte, bis er, mehr oder weniger nüchtern, eintrudelte, habe ich ihm nie erzählt.

Mit dem Übergang in die siebte Klasse waren neue Schulfächer hinzugekommen. Außerdem konnte, wer wollte, am Englischunterricht teilnehmen. Englisch wurde ein wichtiger Teil meines Schülerlebens. Das lag weniger am Fach und noch weniger am Lehrer, sondern an dem Umstand, dass der Unterricht nachmittags stattfand. Schüler, die sich dort zusammenfanden, wollten in der Regel eine weiterführende Schule besuchen. Nach dem Unterricht fuhren wir mit dem Fahrrad irgendwo hin, wo wir ungestört quatschen, rauchen und allerlei Spielchen treiben konnten. Mit anderen Worten, es entstand eine Clique, die die Gelegenheit nutzte, Erfahrungen im zwischenmenschlichen Bereich zu sammeln. Die Entstehung von Cliquen war auch Ausdruck dafür, dass sich unsere Interessen veränderten, unterschiedlicher wurden. Hinzu kam, dass einige aus unserer KLasse „sitzen blieben", das Schuljahr in einer anderen Klasse wiederholen mussten, während andere, ältere Schüler, die sich nur bedingt in die Klasse einfügten, zu uns stießen. Nach acht Jahren konnte man die Schule verlassen, auch wenn nur der Abschluss der sechsten Klasse auf dem Zeugnis stand. Trotzdem wurde jedem Abgänger eine Berufsausbildung ermöglicht.

In dieser Zeit änderten sich nicht nur meine Lebensumstände, ich veränderte mich auch körperlich. Innerhalb von einem Jahr wuchs ich geschätzte zwanzig Zentimeter. Mit einem Mal war ich der zweitgrößte Schüler der Klasse. Der Bauchspeck hatte sich verdünnisiert und mit den langen Beinen wurden meine Sportnoten besser. Der Flaum auf der Oberlippe ließ mich in der achten Klasse beinahe männlich aussehen, jedenfalls wurde ich nun vorgeschickt, wenn es galt, Zigaretten oder Bier zu kaufen. Hinzu kam, dass ich Freunde jederzeit mit zu mir nehmen konnte und wir manche Stunde bei Skat oder Monopoly verbrachten. Skat war schon lange fester Bestandteil unserer Freizeit gewesen, ich glaube, es gab bei uns kaum einen Jungen, der nicht Skat spielen konnte. Das Monopoly hatte mein Opa von seiner zweiten Reise zu einem Bruder, der in Westdeutschland lebte, mitgebracht. Anlässlich seiner ersten Reise hatte ich mir eine Levi-Niethose gewünscht. Die habe ich geliebt und getragen bis sie trotz oder wegen der Ausbesserungen nicht mehr zu retten war. Ansonsten erhielt meine Familie keine Geschenke aus dem Westen, was ich durchaus bedauerte. Meine Großeltern bekamen zu Weihnachten Carepakete von einer ihnen unbekannten Bremer Familie. An diesen Paketen beeindruckte mich, wie aufwendig und geschmackvoll die Dinge eingepackt waren.

Beim Stichwort Weihnachten fällt mir eine Geschichte ein. Zum typischen vorweihnachtlichen Stress gehörten die Weihnachtsfeiern, die von den Betrieben für die kleineren Kinder der Mitarbeiter organisiert wurden. Zu einer dieser Feiern sollte ich, selbst gerade zehn Jahre alt, ein Gedicht vortragen. Meine Mutter hatte es mit mir eingeübt, damit ich es nicht nur auswendig, sondern auch mit einer ausdrucksstarken Betonung sprechen würde. Der Saal im Kulturhaus füllte sich und meine Aufregung stieg. Dann war ich dran und blieb prompt mitten im Gedicht stecken. Den Text hatte ich in der Hosentasche vergraben, weshalb es eine Ewigkeit dauerte, bis ich ihn zur Hand hatte. Ich hörte einen der Knirpse rufen, wann es denn weitergehe. In diesem Moment wäre ich am liebsten im Boden versunken. Dass man mich hinterher zu trösten versuchte, machte die Sache nicht besser. Es ist schon merkwürdig, dass einem solche Momente im Gedächtnis bleiben, dass die Erinnerung daran sogar mit unangenehmen Gefühlen verbunden bleibt. Trotz dieser Katastrophe habe ich später gern Gedichte gesprochen. In der sechsten Klasse durfte ich bei einem Fest der deutschen Sprache, das für den Kreis organisiert worden war, meine Schule vertreten. Ein Jahr später sollte ich in einer Schüleraufführung den Weihnachtsmann spielen. Ich war etwas älter und größer als die anderen Mimen, so dass ich mit einem langen Mantel und einem angeklebten Bart als glaubhafte Besetzung durchging. Wir spielten das Stück zu Weihnachtsfeiern in unterschiedlichen Betrieben und Einrichtungen; den Zettel mit dem Text hatte ich immer parat.

Wichtiger als Pioniernachmittage oder andere schulische Veranstaltungen waren die Freunde und die Zeit, die wir miteinander verbrachten. In einem Urlaub hatte ich darüber hinaus zwei Männer Schach spielen gesehen. Ich nervte meinen Vater solange, bis er mir die Regeln erklärte. Nach einiger Zeit meldete ich mich gemeinsam mit einem Freund für die Arbeitsgemeinschaft Schach im Jugendklubhaus an. Sie wurde von einem Rechtsanwalt geleitet, der selbst in einer Ligamannschaft spielte. Wir waren eine kleine Gruppe Jungen, die einmal in der Woche gegen ihn antrat. Gegen uns spielte er simultan, manchmal auch blind. Trotzdem verloren wir regelmäßig. Aus unseren Niederlagen sollten wir lernen, meinte er. Ständig zu verlieren, ist jedoch frustrierend, so dass ein Teil der Gruppe nach einiger Zeit das Handtuch warf. Ich blieb bei der Stange. Das Schachspielen lehrte mich, konzentriert über eine Situation nachzudenken und vorausschauend zu agieren. In der elften Klasse, also nach fünf Jahren, hatte ich erstmals das Erfolgserlebnis, dass unser Meister eine Partie gegen mich verloren gab. Ich bin mir nicht sicher, ob ich den erspielten Vorteil in einen Sieg hätte verwandeln können, da wir uns nur in Verteidigung geübt hatten.

In der verbleibenden Freizeit war ich, wie gesagt, meist mit Freunden unterwegs. Schwierig wurde es in den großen Ferien, denn meine Freunde, deren Väter mehrheitlich bei der Bahn arbeiteten, fuhren in ein Betriebsferienlager an die Ostsee. Sie berichteten jedes Mal begeistert über ihre Erlebnisse und Abenteuer. Eine derartige Möglichkeit hatte es in dem kleinen Betrieb meines Opas nicht gegeben. Ich war zwar jedes Jahr mit meinen Eltern zum Urlaub an die Ostsee oder ins Gebirge gefahren, aber das war nicht dasselbe. Die Schule bot Ferienspiele an, doch die waren öde. Ein Versuch hatte genügt, mir dieses Angebot zu verleiden. Nach dem Tod meiner Mutter fielen auch die Urlaubsreisen weg. Auf der Suche nach Alternativen wurde ich auf das vom Bezirk organisierte Ferienlager in Prebelow, sehr schön an einem See gelegen, aufmerksam. Ich war dreimal dort, zweimal als Teilnehmer und nach der achten Klasse als Helfer. Helfer zu sein, war ein Traumjob, da ich keine Gruppe zu betreuen hatte, mich aber als Erwachsener fühlen durfte. Vielleicht spielte bei meinen Ferienplanungen auch eine Rolle, dass mein Vater eine neue Partnerin gefunden hatte. Als er mich eines Tages mit dieser Nachricht überraschte, war ich schockiert. Für mich war alles gut, so wie es war. Darüber hinaus kam er mit dieser Nachricht kurz vor Weihnachten um die Ecke. Er war der Meinung, es sei eine gute Idee, wenn wir an den Feiertagen zu ihr fahren würden, um sie und ihre Familie kennenzulernen. Wir wurden liebevoll aufgenommen, trotzdem fühlte ich mich überrumpelt. Ein halbes Jahr später war Hochzeit. Damit erhielt ich wieder ein stabiles Zuhause mit geregelten Abläufen, meine mir lieb gewordene Selbstbestimmtheit war jedoch dahin. Aus häuslichen Aufgaben wurden Pflichten.

Eine der Pflichten, an die ich mich lebhaft erinnere, war der Waschtag. Einmal im Monat wurde der große Kessel in der Waschküche angeheizt, um darin Wäsche zu kochen. Für die kleinen Teile war eine Waschmaschine vorhanden, in der diese mit einem Wellrad bewegt wurden. Meine Aufgabe bestand darin, die Wäsche in Eimern mindestens dreimal in kaltem Wasser zu spülen, bevor sie in die Schleuder kam. Anschließend wurde sie zum Trocknen auf den Hof gebracht und dort an Leinen aufgehängt. Mit größeren Stücken, wie Bettwäsche und Tischtüchern, sind wir nach dem Trocknen zum Rollen gegangen. Eine Familie in der Nachbarschaft besaß eine entsprechende Maschine, die man gegen ein kleines Entgelt zum Glätten der Wäsche nutzen konnte. Ich wurde gebraucht, da für das Zusammenlegen der großen Stücke vier Hände benötigt wurden.

Mit dem Übergang in die achte Klasse trat ich der Freien Deutschen Jugend (FDJ) bei. Soweit ich mich erinnere, waren alle Schüler meiner Klasse Pioniere gewesen, sie wurden nun auch Mitglieder der FDJ. Etwas anders sah es bei der Jugendweihe aus, die ebenfalls anstand. Meines Wissens nahmen alle Schüler meiner Klasse an der Jugendweihe teil, einige erhielten daneben auch die Konfirmation. In Vorbereitung auf die Jugendweihe fanden Jugendstunden statt. Die waren meist langweilig. In Erinnerung geblieben ist mir eine Fahrt nach Weimar und Eisenach, besonders der Besuch im Konzentrationslager Buchenwald. Der Film, der uns dort gezeigt wurde, war schockierend. Er hat mich tief bewegt. Sicher konnte ich damals nicht alles einordnen, dass der Faschismus verbrecherisch gewesen war, daran bestand jedoch kein Zweifel. Es hatte in der düsteren Zeit aber auch Menschen gegeben, die Widerstand leisteten. Nach den Geschwistern Scholl war in Jüterbog schon seit langem eine Schule benannt und am Rathaus erinnerte eine Tafel an jene Bürger der Stadt, die in Konzentrationslagern umgekommen waren.

Die Jugendweihe selbst fand im Rahmen einer Feierstunde im einzigen Kino Jüterbogs statt. Für die anschließende Familienfeier hatte mein Vater Räume in einem Kulturhaus bestellt. Auf dem aus diesem Anlass geschossenen Foto zähle ich mehr als dreißig Gäste. Wohl wissend, dass einige der lieben Verwandten es darauf anlegen würden, mir den einen oder anderen Schnaps einzuhelfen, um sich dann auf meine Kosten zu amüsieren, hatte ich vorgesorgt und mir Schwarztee in eine Weinbrandflasche gefüllt. Nun konnte ich gefahrlos mit jedem anstoßen, der dies wollte. Ich war zwar der Anlass für diese Familienzusammenkunft, trotzdem war es nicht meine Feier. Das ging offensichtlich nicht nur mir so. Unsere Clique verabredete sich, um abends in die Altstadt zu ziehen. Dort kannten wir eine kleine Kneipe, zu der ein gemütliches Hinterzimmer gehörte. Die Wirtin hatte uns schon einmal dort hineingelassen, denn eigentlich hätte sie uns kein Bier ausschenken dürfen. Wir waren erst vierzehn.

Der Eintritt in die FDJ hatte für mich zur Folge, dass ich nun nicht nur „Sprecher" meiner Klasse war, man setzte mir nach außen auch den Hut für die Grundorganisation, das heißt für die FDJ-Gruppen beider achten Klassen auf. Inhaltlich änderte sich wenig, wir flogen als kleine Grundorganisation weitgehend unter dem Radar. Ich denke, ich trug dazu bei, dass das so blieb. Meine Aufgabe bestand darin, einmal im Monat die Anleitung der Kreisleitung zu besuchen. Genauso gewissenhaft wie ich diese wahrnahm, gab ich jeden Monat einen statistischen Monatsbericht über durchgeführte Veranstaltungen ab. Wenn es nichts zu berichten gab, benutzte ich meine Phantasie. Die gemeldeten Zahlen durften nicht zu gut und nicht zu schlecht sein, damit sie nicht auffielen. Das funktionierte, jedenfalls kann ich mich nicht an unangenehme Nachfragen erinnern.

Schulisch war die achte Klasse in zweierlei Hinsicht zukunftsweisend. Zum einen überraschte uns unser Biologielehrer eines Tages mit einem Filmvormittag. Gezeigt wurde ein Aufklärungsfilm, der die biologischen Unterschiede zwischen Frauen und Männern zum Gegenstand hatte. Außerdem wurde erklärt, wie ein Kind im Mutterleib entsteht und heranwächst. Der eigentlich spannende Teil, wie der männliche Samen in den Leib der Frau gelangt, blieb ausgespart. Überhaupt war die Situation eigenartig. Dem Lehrer war das Thema unangenehm und uns Schülern mehrheitlich peinlich, was in Albereien zum Ausdruck kam. Ein echtes Gespräch fand nicht statt. Da in den meisten Familien die Situation ähnlich war, bezogen wir unser Wissen zu dieser existenziellen Frage vor allem von Freunden, aus Hörensagen also. Die andere wichtige Angelegenheit war die Entscheidung darüber, wer welche weiterführende Schule besuchen würde. Wir waren mehr als dreißig Schüler in der Klasse, von denen fünf zur Erweiterten Oberschule (EOS), die in der zwölften Klasse mit dem Abitur abschloss, gingen. Der größere Teil der Klasse wollte die Schule mit dem Abschluss der zehnten Klasse beenden. Da die Wiesenschule nur bis zur achten Klasse führte, mussten auch sie an eine andere Schule wechseln. Ein kleiner Teil der Schüler verließ die Schule ganz und begann eine Lehre.

Peter, geboren 1944, erzählt

Ich wurde in Halle an der Saale geboren. Meinen Vater habe ich nicht kennengelernt; er kam nicht aus dem Krieg zurück. Für meine Mutter war es nicht leicht, uns vier Kinder durchzubringen. Ich war sechzehn, als ich ihr entglitt und die Clique wichtiger wurde als Familie und Schule. Wir waren voller Tatendrang und wussten nicht, wohin damit. Unsere Streiche wurden bald zu Straftaten. Eines Tages stand Polizei vor der Tür und nahm mich mit. Die Abenteuer mit der Clique brachten mir einige Wochen Jugendknast ein. Diese Zeit war alles andere als angenehm, sie war aber nicht traumatisierend. Trotzdem war ich froh, als ich in einen Jugendwerkhof verlegt wurde. Dort bildeten die Häuser zwar ebenfalls einen geschlossenen Komplex, sie waren aber nicht mit dem Knast zu vergleichen. Uns wurde ein streng geregelter Tagesablauf auferlegt, der Arbeit in einer zugehörigen Werkstatt einschloss. Nach einigen Monaten durfte ich in ein anderes Haus wechseln, wo wir nicht eingeschlossen wurden. Hier erhielt jeder von uns einen Betreuer und Arbeit in einem externen Betrieb.

Diese Erfahrung kostete mich zwei Jahre, sie hat mich aber auch zurück in die Spur gebracht. Ich begann eine Lehre in den Chemie-Werken und holte auf der Abendschule den Abschluss der zehnten Klasse nach. Außerdem wurde ich in der FDJ aktiv. Nach Schließung der Grenze zur Bundesrepublik wurde überall für den Dienst in der Nationalen Volksarmee (NVA) geworben. Ich meldete mich, wurde aber nicht eingezogen. In dieser Zeit lernte ich meine spätere Frau kennen, eine Liebe, die nicht ohne Folgen blieb. Wir hatten gerade eine Wohnung für die größer werdende Familie in Aussicht, als mich die Einberufung ereilte.

Nach der Unteroffiziersschule legte ich das Abitur ab, um später ein Fernstudium an der Offiziersschule beginnen zu können. Die Laufbahn in der Armee war von mehreren Umzügen begleitet. Die Wohnungssuche verlief nie problemlos, oft mussten wir Zwischenlösungen in Kauf nehmen. Für meine Frau war jeder Umzug mit einer anderen beruflichen Herausforderung verbunden, meine Tochter musste sich an einer neuen Schule zurechtfinden. Trotz der häufigen Umzüge fand ich während meiner Zeit als Offizier viele Freunde, auch unter sowjetischen Offizieren. Ein Kontakt ins ferne Sibirien hat sich bis heute erhalten. Nach 25 Jahren, die ich mehrheitlich bei den Luftstreitkräften diente, wurde ich aus der NVA verabschiedet. Im Frühjahr 1989 trat ich die mir vermittelte zivile Arbeit an. Der damit verbundene berufliche Neuanfang war leider nicht von Dauer, denn die Herren, die 1990 das Ruder übernahmen, hatten für einen ehemaligen Offizier der NVA keine Verwendung. Darüber hinaus wurden meine aus der Dienstzeit resultierenden Rentenansprüche gekürzt. Ich versuchte, als Selbständiger im Vertrieb von Finanzprodukten einen beruflichen Neuanfang zu finden.

Gymnasium

Wolfram, geboren 1954, erzählt

Meine Mutter kam aus Schlesien, mein Vater aus Posen. Sie lernten sich nach dem Krieg in Jüterbog, ihrer neuen Heimat, kennen. Als sie 1953 heirateten, war ich bereits unterwegs. Mein Vater arbeitete bei der Bahn, meine Mutter hatte eine Ausbildung als Schneiderin gemacht. Ich sollte nicht ihr einziger Sprössling bleiben. Wir waren drei Jungen, die sich ein Zimmer teilten, während meine Schwester bei den Eltern schlief. Die Hausaufgaben erledigten wir am Wohnzimmertisch. Unsere Wohnung war klein, aber sie hatte immerhin ein Bad und sie lag im Zentrum der Stadt. Um uns herum wohnten Händler, Gewerbetreibende und einige „Ackerbürger", die hinter ihrem Wohnhaus Stallungen und Felder besaßen. Mein Freund, mit dem ich zusammen zur Schule ging, wohnte im Haus nebenan. Die Familie war ebenfalls zugezogen, sie waren Umsiedler wie wir. Die Zusammensetzung unserer Klasse spiegelte das wider. Die unterschiedliche Herkunft spielte allerdings kaum eine Rolle, wir hatten ein kameradschaftliches Verhältnis zueinander.

Eine mich prägende Zeit war, als meine Oma, die ich sehr gern hatte, an Krebs erkrankte und starb. Sie war erst Mitte fünfzig, man konnte jedoch nichts für sie tun. Dieses Erlebnis beschäftigte mich lange. Es ließ den Wunsch entstehen, kranken Menschen zu helfen. In den Ferien arbeitete ich oft im Krankenhaus, das in Jüterbog kirchlich geführt wurde. Die Fürsorge, mit der die Diakonissen den Kranken begegneten, beeindruckte mich. Bald stand für mich fest, ich werde Arzt. Voraussetzung für ein Studium war der Besuch der EOS, das heißt das Abitur. Meine Noten waren gut, trotzdem gab es ein Problem, denn mein Vater war dagegen. Er stammte aus einfachen Verhältnissen, in seiner Familie hatte niemand studiert, weshalb er kein Verständnis dafür hatte, dass sein Sohn etwas Besseres sein wollte. Es passte nicht in sein Weltbild. Hinzu kam, dass unsere Familie christlich geprägt war und aktiv in der Kirchengemeinde mitwirkte. Ich war zwar in der Pionierorganisation gewesen, aber in die FDJ zu gehen, ging meinem Vater zu weit. Die Konfirmation war ebenfalls unabdingbar. Mein Klassenlehrer wollte nicht hinnehmen, dass dies Gründe seien, mir den gewünschten Berufsweg zu verwehren. Er war ein Neulehrer, das heißt Quereinsteiger und vielleicht auch deshalb bereit, sich solchen Problemen zu stellen, die nach seiner Überzeugung nicht in die neue Zeit passten. In mehreren Gesprächen überzeugte er meine Eltern, dass ein Studium das Richtige für mich sei und dass damit keine finanziellen Belastungen für die Familie verbunden sein würden. Mein Vater lenkte schließlich ein. Ich trat der FDJ bei und erhielt die Jugendweihe, ein Jahr später die Konfirmation.

Die EOS und später das Medizinstudium in Berlin waren Herausforderungen, die mich an meine Grenzen führten. Außerdem musste ich meine Unsicherheit, die mir immer wieder im Weg stand, überwinden. Mit der Zeit ist mir das offenbar gelungen, denn ich wurde mit verantwortungsvollen Aufgaben betraut. Trotz der damit verbundenen hohen Belastung versuchte ich, mir den fürsorglichen Umgang mit den Patienten zu bewahren. Dass eine verantwortungsvolle Aufgabe auch etwas mit einem macht, gab mir mein Enkel zu verstehen. Er war noch ein Dreikäsehoch als er bei einer Gelegenheit den Kommentar von sich gab: Opa - einmal Chef, immer Chef. Wo er das wohl aufgeschnappt hatte?

Es waren unruhige Zeiten, als ich 1968 ans Gymnasium kam. Die Suez-Krise, der Vietnamkrieg und die Studentenunruhen in vielen Ländern beherrschten die Nachrichtensendungen. Ich würde jedoch lügen, wenn ich behauptete, dass mich diese Ereignisse mit meinen fünfzehn Jahren übermäßig beschäftigten. Irgendwann kamen sowjetische Soldaten aus Prag zurück. Sie rollten mit Panzern durch die Stadt zu ihren Kasernen. Was sie in Prag gemacht hatten, beschäftigte mich ebenfalls nicht wirklich. Für mich waren der Wechsel an das Gymnasium und das, was mich dort erwarten würde, die bestimmenden Fragen. „Gymnasium" stammte im Übrigen aus einer vermeintlich vergangenen Zeit, bei uns wurde von der Erweiterten Oberschule (EOS) gesprochen. Unsere EOS trug den Namen Goethes. Sie hatte zwei Klassenzüge, mithin acht Klassen. Anders gesagt, jedes Jahr kamen rund sechzig der besten Schüler aller Schulen des Kreisgebiets als Neue hinzu. Zur Schule gehörte ein Internat für diejenigen, die nicht jeden Tag nach Hause fahren konnten. Im gleichen Schulgebäude war auch eine Sonderschule für lernschwache Schüler untergebracht, was immer mal wieder für hämische Kommentare sorgte.

Der Start an der EOS war mit einer Reihe von Veränderungen verbunden. Der Schulweg war für mich das kleinste Problem, denn die EOS war nur einen Steinwurf von der Wiesenschule entfernt. Schwieriger war schon, dass der Unterricht bereits um 7.15 Uhr begann. Der zeitige Beginn war darin begründet, dass nach jeder Schulstunde eine Hofpause von fünfzehn Minuten eingelegt wurde. Diese Pausenregelung war entspannend, insbesondere für die Raucher, sie zog jedoch den Schultag in die Länge. Ähnliches gab es meines Wissens an keiner anderen Schule, jedenfalls habe ich nie davon gehört. Zu den Besonderheiten unserer Schule gehörte auch, dass die Klassen zu Beginn der ersten Stunde ein Lied trällern sollten. Meist waren es Volkslieder oder Arbeiterlieder, die angestimmt wurden. Das Repertoire war, vor allem was die Texte betraf, begrenzt. Ich glaube, die morgendliche Singerei bereitete weder den Schülern noch den Lehrern wirklich Freude. Zu den Veränderungen gehörte auch, dass wir nun mit „Sie" angesprochen wurden, ansonsten blieb es beim Vornamen. Die Lehrer waren natürlich mit dem Nachnamen anzusprechen, eine gewisse Distanz musste gewahrt bleiben.

Verändert waren auch die schulischen Anforderungen. Man hatte uns gewarnt, dass an der EOS ein schärferer Wind wehen würde; gute Noten würden keine Selbstverständlichkeit mehr sein. Ich nahm mir dies zu Herzen und begann, die Hausaufgaben systematisch abzuarbeiten. Das war insofern neu, als bis dahin mein Ehrgeiz darin bestanden hatte, die Aufgaben bereits im Unterricht oder in den Pausen zu erledigen. Die Folge des neu erwachten Eifers war, dass ich nach dem ersten Halbjahr das beste Zeugnis meiner schulischen Laufbahn nach Hause brachte. Zu den schulischen Erfolgen der Anfangszeit zählt auch ein erster Platz bei der Mathe-Olympiade des Kreises. Die Mathe-Olympiade begann in der ersten Runde mit Aufgaben, die als langfristige Hausarbeit zu erledigen waren. Irgendwie waren mir die Aufgaben aus dem Blick geraten. Erst als die Lehrerin an die am nächsten Tag anstehende Abgabe erinnerte, nahm ich sie mir vor. Es lief gut, nur zu einer der Aufgaben fand ich keinen Zugang. Da Schlafenszeit war, musste ich abbrechen. Am nächsten Morgen, ich war etwas früher aufgestanden, nahm ich mir die Aufgabe noch einmal vor und, siehe da, die Lösung flutschte nur so auf das Papier. Der Morgen ist eben klüger als der Abend. Da ich die höchste Punktzahl erreichte, wurde ich zur Kreisolympiade, die als Klausur geschrieben wurde, eingeladen. Die nach Klassenstufen ermittelten Sieger durften nach Potsdam zum Bezirksausscheid fahren. Dort hatte ich keine Chance, es dominierten Schüler aus Förderklassen.

Jürgen, geboren 1954, erzählt

Ich wurde in Leipzig geboren, bin dort aufgewachsen und zur Schule gegangen. Da ich mich in der fünften Klasse für die Mathematik-Olympiade der Stadt qualifiziert hatte, bot man mir an, im Mathematikzirkel des Zentralen Pionierhauses mitzuarbeiten. Bis zur achten Klasse verbrachte ich dort einmal in der Woche mehrere Stunden. In guter Erinnerung ist mir ein dreiwöchiger Lehrgang in Zesch am See geblieben, den uns das Pionierhaus spendierte. Da ich jedes Jahr an Stadt- und Bezirksolympiaden teilnahm, gingen alle davon aus, dass ich Mathematik studieren würde. Für mich war das längst nicht ausgemacht, weil mein Herz für den Sport schlug. Genauso wie mein Vater und meine Brüder war ich Fußballfan. Mit zehn Jahren begann ich systematisch zu trainieren, mit vierzehn Jahren wurde ich zum Schiedsrichter ausgebildet. Als jüngster Schiedsrichter der DDR durfte ich Spiele im Schüler- und Jugendbereich leiten. Bei einem meiner Spiele kam Rudi Glöckner zu mir. Er war schon zu dieser Zeit, das heißt bevor er das Endspiel der Weltmeisterschaft in Mexico leiten durfte, eine

Autorität, denn er hatte mehrere Pokalfinals gepfiffen und war bei den Olympischen Spielen in Tokio zum Einsatz gekommen. Rudi meinte, ich solle mich auf eine Sache konzentrieren, entweder Schiedsrichter oder Spieler sein. Für mich kam eine Eingrenzung nicht in Frage, mich interessierte alles, was mit Sport zusammenhing.

Leipzig war eine Stadt des Sports, nicht nur wegen der Deutschen Hochschule für Körperkultur und Sport (DHfK) und der Oberliga Mannschaft von Lok Leipzig, in Leipzig fanden auch die Turn- und Sportfeste mit vielen tausend Teilnehmern statt. Die große Sportschau im Zentralstadion, damals das größte Stadion Deutschlands, hat wohl niemand, der dabei sein durfte, je vergessen. In lebhafter Erinnerung geblieben ist mir auch das Radrennen Berlin-Leipzig von 1958, das Täve Schur gewann, der im gleichen Jahr auch Weltmeister wurde. Die Reportagen von Heinz-Florian Oertel waren derart mitreißend, dass ich fortan Sportreporter werden wollte.

Meine anfänglichen Streberallüren machten bald wieder einem Normalmodus Platz. Die Noten reichten auch ohne die Streberei, um vorn mit zu schwimmen. In Bezug auf die Unterrichtsfächer wies der Stundenplan an der EOS nur wenige Veränderungen auf. Die polytechnische Ausbildung hatte ausgedient, dafür wurde eine zweite Fremdsprache, meist englisch, obligatorisch. Latein war zusätzliches Wahlfach und wurde vor allem von denen belegt, die ein Medizinstudium ins Auge gefasst hatten. Hinzu kamen Staatsbürgerkunde und in der zwölften Klasse Astronomie. Geschichte wurde auf die Geschichte der Arbeiterbewegung reduziert, was das Fach nicht unbedingt interessanter werden ließ. Außerdem wurde in der elften Klasse ein Kurs zur wissenschaftlichen Arbeit eingeschoben, der mit einem Praktikum und einer Belegarbeit abschloss.

Für mich hielt der Wechsel zur EOS noch eine andere Aufgabe bereit. Mir wurde die Funktion eines stellvertretenden Vorsitzenden der FDJ-Grundorganisation der Schule angetragen, mit der Perspektive, in der folgenden Klasse den Vorsitz zu übernehmen. Vielleicht hatte mich die regelmäßige Teilnahme an den Anleitungen der Kreisleitung und die pünktliche Abgabe der statistischen Monatsberichte für diese Aufgabe prädestiniert, vielleicht war ich auch nur nicht negativ aufgefallen. Die neue Funktion blieb im Alltag erst einmal ohne Folgen, da alle Aufgaben vom amtierenden Vorsitzenden wahrgenommen wurden. Für mich stand im Vordergrund, meinen Platz im neuen Klassenverbund zu finden. Neu war nicht nur die Zusammensetzung der Klasse, auch die Pubertät hatte nun alle im Griff. Sie machte sich sowohl im äußeren Erscheinungsbild, als auch in den veränderten Bedürfnissen bemerkbar. Musik spielte eine immer größere Rolle. Beinahe jeder hing nachmittags oder abends am Radio, um Hit-Paraden und neue Titel zu hören. Am Sonnabend war der Beatclub im Fernsehen fest eingeplant. Gut, dass zu dieser Tageszeit meine Eltern in Haus und Garten werkelten, denn vor ihren Ohren fand die „Krachmusik" keine Gnade. Die länger werdenden Haare führten ebenfalls zu Auseinandersetzungen. Da sie auch bei den Lehrern verpönt waren, blieb es bei einem mehr oder weniger zaghaften Austesten der Möglichkeiten.

Die neunten Klassen der EOS meldeten sich traditionell zur Tanzschule an, wo unter anderem Turniertänze gelehrt wurden. Trotz unserer Bemühungen hätten unsere Künste jedem wahren Tänzer wahrscheinlich das Grauen ins Gesicht getrieben. Zur Tanzschule gehörten Benimmregeln, das heißt, die höfliche Aufforderung zum Tanz und das Zurückgeleiten der Dame an ihren Platz. Nach der Hälfte des Kurses und zum Abschluss fanden Bälle statt, zu denen die Eltern eingeladen wurden. Für den Ball sollte sich jeder eine Tanzpartnerin suchen. Ich hatte schon während des Kurses am liebsten mit Viola getanzt, die auch bereit war, die Bälle mit mir zu bestreiten. Zum Prozedere gehörte, die Tanzpartnerin am Abend des Balls von zu Hause abzuholen, im Anzug natürlich. Auf diese Weise kam der Jugendweiheanzug noch einmal zu Ehren. Ein Blumenstrauß für die Mutter gehörte ebenfalls dazu. Der Ball selbst begann mit einer Polonaise der Eleven. Außerdem sollten wir in einem Tanz mit den Eltern und den

„Schwiegereltern" unsere Fortschritte demonstrieren. Dass diese Tänze manchen Eltern, respektive ihren Schuhen oder Füßen, nicht gut bekommen seien, halte ich für ein Gerücht. Obwohl die Tanzschule irgendwie aus der Zeit gefallen schien, hat sie den meisten von uns Spaß gemacht, nur tanzen, tanzen haben wir nicht wirklich gelernt.

Die Tanzschule war das eine, das andere war, dass wir nun in den Jugend-Club zum Tanzen gehen wollten. Mit den erlernten Schritten war dort allerdings kein Staat zu machen. Im Jugendclubhaus spielten Live-Bands, unter anderen die Schülerband der EOS und die Schülerband einer benachbarten Berufsschule. Zwischen den Schulen und Bands bestand eine gewisse Rivalität, vielleicht ein Widerschein der Rivalität zwischen den Anhängern von Stones und Beatles, die damals beinahe jeden von uns beschäftigte. Unser Problem war, dass wir noch nicht 16 Jahre alt waren und bereits um 21.00 Uhr den Saal verlassen mussten. Nach Hause gehen wollten wir nicht. Wir sind weitergezogen, um bei irgendjemanden die Party fortzusetzen. Als sich die ersten Paare fanden, wurden die Partys seltener; Pärchen haben halt andere Bedürfnisse. Vielleicht kann man die neunte Klasse insgesamt als Zeit des Vortastens in Beziehungen zum anderen Geschlecht charakterisieren. Zum Leidwesen von uns Jungen bevorzugten unsere Mädchen jedoch bald ältere, erfahrenere Schüler.

Einmal im Jahr fand ein Schulfest statt. Der Direktor und ein Teil der Lehrer sahen diese Feiern wahrscheinlich mit gemischten Gefühlen. Die Feten wurden von den Schülern in Eigenregie organisiert, Lehrer waren Gäste. Wir durften die Aula ausräumen, wo die Schülerband zum Tanz aufspielte. Die Stimmung war ausgelassen, bei einigen hatte der Alkohol sicher einen Anteil daran. Manche Geschichte, an der Schüler oder Lehrer beteiligt waren, machte noch nach Jahren die Runde. Lehrer, die auf Konventionen pfeifend kräftig mitfeierten, waren uns am liebsten. Regelrecht Kultstatus erreichte unsere Lehrerin für Russisch und Mathematik. Sie war für ihre direkte, mitunter derbe Art bekannt und berüchtigt. Ich erinnere mich, dass einmal ein Schüler an die Tafel kommen sollte, um eine Matheaufgabe zu lösen. Nach einiger Zeit verlor sie ob seines Gestammels die Geduld und herrschte ihn an: „Setzen sie sich hin, sie Idiot." Ihrem Ansehen hat das nicht geschadet, nur selbst mochte man nicht der Betroffene sein.

Mit meinem neuen Banknachbar verstand ich mich gut. Die „Bank" war jetzt ein Tisch mit zwei Stühlen, die aber ähnlich wie vormals die Bänke hintereinander, mit Blick zur Tafel, gereiht waren. Harald war ein völlig anderer Typ als ich, extrovertiert, selbstbewusst und laut. Er hatte von Zuhause eine umfassende Allgemeinbildung mitbekommen. Wenn ein Lehrer eine Frage aufwarf, berieten wir uns kurz. Mitunter hatte ich eine Idee, die er dann in die Diskussion einbrachte. Mir genügte die Bestätigung, dass ich richtig lag, Harald wurde zum Star in Mitarbeit. Die Sache hatte insofern einen Haken, als er nicht leise sprechen konnte und deshalb häufig ermahnt wurde. Scheinbar fiel den Lehrern nicht auf, dass zum Quatschen mindestens zwei gehören. In Bezug auf Allgemeinbildung hatte ich einiges nachzuholen, aber auch den Ehrgeiz, dies zu tun. Jack London, dessen Bücher ich verschlungen hatte, hatte sicher einen Anteil daran. Nicht nur die geschilderten Abenteuer waren spannend, auch seine Lebensgeschichte, die in den Büchern immer wieder eine Rolle spielte, beeindruckte mich. Er war praktisch ohne Schulbildung aufgewachsen und hatte später viel Kraft darauf verwendet, Bildungslücken zu schließen. Bücher wurden insgesamt immer wichtiger für mich. Ich meldete mich in der Bibliothek an, um Romane und Erzählungen, die mein Interesse weckten, auszuleihen. Die Leihe war kostenlos, solange man die Bücher in der Frist zurückbrachte. Zu meinen Favoriten gehörten die Sagen des Klassischen Altertums, die, wie ich fand, in der Schule zu kurz gekommen waren.

Im Rahmen des Unterrichts zur Kunsterziehung erhielten wir die Aufgabe, eine Sammlung mit in Zeitschriften veröffentlichen Fotografien von Gemälden und Skulpturen anzulegen. Diese Sammlung habe ich wie ein Hobby gepflegt. Aus dem damals gesammelten Wissen über Kunstrichtungen, Maler und Bildhauer schöpfe ich noch heute. Darüber hinaus hatte ich zusammen mit einigen Mitschülern ein Abonnement für klassische Musik erworben. In Jüterbog war der Sitz des Symphonieorchesters des Bezirks, das einmal im Monat ein Anrechtskonzert gab. Zugegeben, ich hatte bei diesen Konzerten mehr mit der Müdigkeit zu kämpfen, als dass sich mir die Schönheit der Musik erschlossen hätte; aber ein Grundstein war gelegt. Ein professionelles Theater hatte Jüterbog nicht, jedoch ein Arbeitertheater, also Laien, die populäre Stücke einstudierten und vor historischer Kulisse zum Besten gaben. Ihnen verdanke ich mit Shakespeares „Was ihr wollt" mein erstes Theatererlebnis.

In den Ferien nach der neunten Klasse wartete ein besonderes Abenteuer auf mich. Ich hatte als Auszeichnung eine Reise mit dem Freundschaftszug in die Sowjetunion erhalten. Bevor die Reise startete, sollten sich die Teilnehmer im Rahmen eines Vorbereitungslagers kennenlernen. Zu den Teilnehmern gehörten Schüler aus unterschiedlichen Schulen des Bezirks, wobei ich bereits zu den ältesten zählte. Zur Verabschiedung wurde ein großer Apell mit Fackeln und vielen Fahnen am Treptower Ehrenmal zelebriert. Es war ein bewegendes Ereignis, auch wenn ich heute derart pathetische Inszenierungen mit gemischten Gefühlen betrachte. Der Apell stimmte darauf ein, dass die Reise vom Gedenken an den Großen Vaterländischen Krieg der Sowjetunion geprägt sein würde. Die Wunden, die der Überfall Hitler-Deutschlands gerissen hatte, waren auch nach fünfundzwanzig Jahren nicht vernarbt. Unsere Reise führte in ein Ferienlager in der Nähe von Minsk. Schon die Zugfahrt dorthin war ein Erlebnis. Ein Zug voller Kinder, der viele Stunden unterwegs ist, lässt Langeweile nicht aufkommen, weder bei den Kindern noch bei den sie begleitenden Erwachsenen. Dort angekommen, wurden wir ins Lagerleben einbezogen. Darüber hinaus machten wir Ausflüge, die uns zu Sehenswürdigkeiten und Gedenkstätten brachten. In Erinnerung geblieben ist mir das Mahnmal von Katyn, das dem Kampf gegen die Invasoren und den Opfern des Krieges gewidmet ist. Einen Tag verbrachten wir, jeweils zu zweit, in unterschiedlichen Minsker Familien. Wir wurden überall freundlich begrüßt und bewirtet, obwohl den Älteren der Krieg und die Verbrechen der deutschen Besatzer sicher noch gegenwärtig waren. Viele Details dieser Reise sind in meiner Erinnerung verblasst. Unsere kleine Clique Gleichaltriger sehe ich jedoch noch vor mir, nicht nur, weil einige wenige Fotos existieren, sondern auch, weil sich zarte Bande knüpften, die über die Reise hinaus Bestand hatten.

In der zehnten Klasse wurde ich, wie geplant, Vorsitzender der FDJ-Grundorganisation der Schule. Zu den mit dieser Funktion verbundenen Verpflichtungen gehörte ein wöchentlicher Termin beim Direktor, an dem anstehende Aufgaben abgestimmt wurden. Die Treffen fanden in einer Pause statt, was den Vorteil hatte, dass keine Zeit für Grundsatzbelehrungen blieb. Eine meiner Aufgaben war, die monatlichen Leitungssitzungen vorzubereiten. Zur Leitung der Grundorganisation gehörten Vertreter aller Klassen. Sofern wichtige Ereignisse anstanden, nahm auch der Direktor an unseren Sitzungen teil. Dort wurden die Aufgaben besprochen, für die die FDJ verantwortlich war, wie die monatlichen Versammlungen und das Lehrjahr zur politischen Bildung. Die Themen dieser Veranstaltungen waren vorgegeben, sie wurden aber von den Klassen eigenständig umgesetzt. In einer der Klassen hatte sich eine Singegruppe gebildet, die mit politischen Songs aber auch mit Volksliedern zu Veranstaltungen in der Schule oder in der Stadt auftrat. Ihre Vorhaben wurden genauso besprochen, wie ein anstehendes Schulfest. Außerdem berieten wir darüber, wie wir die von den Lehrern organisierten Angebote unterstützen könnten. Zu diesen Angeboten gehörten der Schulchor, eine Arbeitsgemeinschaft bildende Kunst und die Sportmannschaften, die traditionell im Volleyball antraten. Darüber hinaus hatten wir eine Absprache mit der Wiesenschule getroffen, die es angehenden Lehrern ermöglichte, durch die Unterstützung von Klassenlehrern erste Erfahrungen im angestrebten Beruf zu sammeln.

Ich muss unserem Direktor zugutehalten, dass er sich nicht in unsere Arbeit einmischte. Er hatte andere Möglichkeiten, seinen Einfluss geltend zu machen. Einmal im Monat fand ein Appell statt, nicht wie früher als Fahnenappell, sondern in der Aula auf Stühlen sitzend. Die Schüler übernahmen die kulturelle Umrahmung, ansonsten war es eine Veranstaltung des Direktors, der über anstehende Aufgaben und Probleme berichtete. Ich kann mich nicht erinnern, dass aus diesem Anlass Schüler mit einer eignen Meinungsäußerung aufgetreten wären. Selbst die Aufforderung des Direktors, Fragen zu stellen, wurde selten genutzt. Heißt das, dass es keine Konflikte gab? Selbstverständlich gab es die, sie betrafen jedoch fast ausschließlich Fragen der Disziplin oder des Verhaltens von Schülern. An einen politisch motivierten Eklat kann ich mich nicht erinnern. Einmal setzte unser Direktor seine Autorität ein, um Aktivitäten der christlichen Jungen Gemeinde an der Schule in die Schranken zu weisen. Das geschah hinter den Kulissen, für Nichtbeteiligte kaum wahrnehmbar und ohne weitergehende Folgen für die betroffenen Schüler.

Die FDJ verstand sich als politische Organisation, die nach einheitlichen Vorgaben arbeitete. In diesem Zusammenhang fanden regelmäßig Anleitungen der Kreisleitung statt. Als Vertreter der EOS konnte ich mich nicht, wie vormals, hinter dem Rücken anderer verstecken; man erwartete meine aktive Teilnahme. In der Regel fiel mir das nicht schwer, weil ich durch die vielfältigen Aktivitäten an unserer Schule immer über Erfahrungen berichten konnte. Einmal im Monat wurden die Vertreter aller EOS des Bezirks zu einem Treffen nach Potsdam gerufen. Bei diesen sonntäglichen Treffen waren wir Jüterboger, wie auch andere kleinere Schulen, die Hinterbänkler, den Ton gaben die Vertreter der großen Schulen aus Potsdam und Brandenburg an. Trotz des relativ großen Aufwands, der für mich mit diesen Treffen verbunden war, empfand ich sie als Bereicherung. Ich hatte Gelegenheit, über den eigenen Tellerrand hinauszublicken und von Erfolgen und Problemen anderer Schulen zu hören. In Summe kosteten mich die mit der neuen Funktion verbundenen Aufgaben viel Zeit. In den Pausen, wenn die anderen auf dem Schulhof waren, hatte ich fast immer etwas zu organisieren. An den Nachmittagen warteten häufig Verpflichtungen auf mich, so dass ich seltener mit Freunden zusammenkam. Der Freitagnachmittag gehörte aber der „Post".

Post war unser Codewort für die Gaststätte am Freibad, denn dort wartete das eine oder andere postgelbe Bier auf uns. Ob der Kellner auf uns wartete, bin ich mir nicht sicher. Auf der einen Seite brachten wir etwas Leben und Umsatz in die nachmittägliche Tristesse, auf der anderen Seite entsprach unser Benehmen wohl nicht immer seinem ästhetischen Anspruch. Er war den schönen Seiten des Lebens und den Männern zugewandt.

Im Zusammenhang mit der Gaststätte fällt mir ein, dass es im Gewerbe erhebliche Veränderungen gegeben hatte. Handel und Gastronomie wurden jetzt von der stattlichen Handelsorganisation „HO" und dem genossenschaftlich organisierten „Konsum" dominiert. Genossenschaften hatten nicht nur im Handel, sondern auch im Handwerk (PGH) weite Verbreitung gefunden. In der Landwirtschaft waren die Produktionsgenossenschaft Typ 3 durchgesetzt worden. Zwei dieser Genossenschaften aus unserem Kreis waren derart erfolgreich, dass sie zu Vorzeigebetrieben avancierten, die im Fernsehen vorgestellt wurden. Im Wohnungssektor waren Arbeiterwohnungsbaugenossenschaften (AWG) entstanden. Dort konnte man gegen ein vergleichsweise geringes Entgelt Anteile erwerben. Die Mitgliedschaft verpflichtete zur Teilnehme an Arbeitseinsätzen bei der Errichtung und dem Erhalt der Häuser, sie beinhaltete aber auch das Anrecht auf eine preisgünstige Wohnung. Nach meinem Eindruck waren die AWG damals die einzigen, die in Jüterbog in nennenswerten Umfang Wohnungen errichteten. Die schnelle Ausbreitung der Genossenschaften war politisch gewollt, sicher spielte auch eine Rolle, dass die Genossenschaftsbewegung in Deutschland auf eine lange Tradition zurückblicken konnte.

Während sich in der neunten Klasse eine relativ große Clique geformt hatte, die viel gemeinsam unternahm, wurden die gemeinsamen Aktivitäten nun seltener. Einige von uns hatten eine feste Freundin oder ein anderes zeitaufwendiges Hobby. Bei mir war es die FDJ-Arbeit, die mich mehr und mehr in Anspruch nahm. Manchmal hatte ich allerdings den Eindruck, dass einige mich als „rote Socke" mieden. War ich eine „rote

Socke"? In meiner Familie hatten politische Diskussionen so gut wie keine Rolle gespielt, jedenfalls nicht, so lange ich dabei war. Trotz mancher Vorbehalte gegen die Politik der SED und trotz einiger einschneidender Ereignisse, wie den Mauerbau oder die Auflösung der Klasse meiner Tante, verspürte ich in der Familie keine grundsätzliche Ablehnung des Staates, aber auch keine bedingungslose Unterordnung. Fernsehen und Radio waren für mich zum Beispiel von der Zeit her reglementiert, aber nicht die Sender betreffend, die ich hören oder sehen durfte. Dass ich mich in der Pionierorganisation als Gruppenratsvorsitzender beworben hatte, hing vor allem mit dem Streben zusammen, meine Stellung in der Klasse zu verbessern. Alles Weitere kam wie von selbst, wohl, weil ich bald als zuverlässig galt und nicht zur Aufmüpfigkeit neigte. Über die Jahre kam auch eine Politisierung hinzu, die wesentlich durch die Zeitung „Junge Welt" geprägt wurde. Sie war mit kurzen Nachrichten, viel Sport und Themen wie Partnerschaft und Sexualität jugendgerecht aufgemacht, wobei die Sportnachrichten für mich einen besonderen Stellenwert besaßen.

Sport war in meiner Familie immer ein Thema gewesen, wahrscheinlich verfolgte mein Vater im Fußball aber mehr die Bundesliga als die DDR-Oberliga. Mich interessierte vor allem das Springreiten, zum Beispiel das große Turnier in Aachen. Das bedeutete jedoch nicht, dass mich Erfolge der DDR-Sportler, wie die Friedensfahrtsiege von Täve Schur, die Siege Helmut Recknagels bei der Vierschanzentournee oder die Olympiasiege von Roland Matthes kalt gelassen hätten. Im Gegenteil, sie machten stolz, denn es waren Sportler von hier. Je mehr Erfolge von DDR-Sportlern hinzukamen, desto abstoßender empfand ich den Alleinvertretungsanspruch der Bundesrepublik und das von ihr inszenierte Hickhack um Mannschaften, Hymnen und Fahnen. Wenn ich heute lese, dass China die Beziehungen mit Staaten abbricht, die Taiwan als Staat anerkennen, dann erinnert es mich daran, dass die Bundesrepublik über viele Jahre den Staaten, die die DDR anerkennen wollten, mit dem Abbruch der Beziehungen drohte. Zu den prägenden Ereignissen jener Zeit zählten auch die Erfolge der sowjetischen Raumfahrt. Den Sputnik, die Weltraumhündin Laika oder Juri Gagarin, den ersten Menschen im All, kannte jeder. Die Schreckensbilder jener Zeit waren durch den Vietnamkrieg bestimmt. Die menschenverachtende Kriegsführung der USA prägte mein Weltbild nachhaltig.

Vielmehr als die Politik beschäftigte mich jedoch die Frage, wie meine berufliche Zukunft aussehen sollte. Einige von uns hatten klare Vorstellungen, sie wollten Lehrer, Arzt oder Offizier werden. Um Missverständnissen vorzubeugen, sei erwähnt, dass unsere Klasse zur Hälfte aus Mädchen bestand. Für mich kam eine Laufbahn in der Armee nicht in Frage, eine solche entsprach in keiner Weise meinem Naturell. Schon der Gedanke, dass man von mir eine Verpflichtung zu drei Jahren Armeedienst erwartete, bereitete mir Unbehagen. Arzt zu werden, war ebenfalls keine Option, obwohl ich dafür keine schlechten Voraussetzungen gehabt hätte. Meine Noten waren gut, außerdem entstammte ich einer Arbeiterfamilie, was mich förderungswürdig werden ließ. Den Lehrerberuf hätte ich mir eher vorstellen können, doch es sollte anders kommen. Eines Tages wurden einige von uns zu einer Informationsveranstaltung über die Möglichkeiten eines Auslandsstudiums eingeladen. Die dort genannten Studienorte lagen fast ausschließlich in der Sowjetunion. Neben vielen technischen und naturwissenschaftlichen Fachrichtungen wurde auch Außenhandel als Studienfach angeboten. Ich hatte zwar keine Ahnung, welche Aufgaben ein Außenhändler hat, aber die Vorstellung aus Berufsgründen in andere Länder zu reisen, reizte mich. Hinzu kam, dass Auslandsstudenten nicht, wie sonst üblich, vor dem Studium zur Armee einberufen wurden. Dass für die Vorbereitung auf das Studium die zwölfte Klasse in Halle zu absolvieren war, ließ sich vor diesem Hintergrund verschmerzen. Aus meiner Klasse bewarben sich Harald und ich. Wir wurden beide angenommen und sind nach der elften Klasse an die Arbeiter-und-Bauern-Fakultät (ABF) nach Halle gewechselt.

Die Arbeiter-und-Bauern-Fakultät

Die ABF gehörte formal zur Universität Halle-Wittenberg, mit dem eigentlichen Universitätsbetrieb hatte sie jedoch wenig zu tun. Zu meiner Zeit bestand ihre einzige Aufgabe darin, auf ein Auslandsstudium vorzubereiten und die Abiturprüfungen abzunehmen. Unsere Vorgänger hatten dafür zwei Jahre Zeit gehabt, während unser Kurs auf ein Jahr verkürzt worden war, um die Zahl der Auslandsstudenten erhöhen zu können. Die Vorbereitung bestand vor allem in einer intensiven Sprachausbildung und einem verstärkten Unterricht in Naturwissenschaften und Mathematik, weil in diesen Fächern ein Nachholbedarf im Vergleich zu den Schulen in der Sowjetunion festgestellt worden war. Nicht zu vergessen, wir durften uns nun Studenten nennen. Wir erhielten einen Studentenausweis und ein Stipendium, zu dem die Eltern eine einkommensabhängige Zuzahlung leisteten. Mir bescherte das Stipendium eine nicht gekannte finanzielle Unabhängigkeit. Während ich bis dahin oft Kleidung von Verwandten aufgetragen hatte, konnte ich mir nun „eigene" Sachen, das heißt Sachen, die meinem Geschmack entsprachen, kaufen. In Halle hatte eine „Jugendmode" eröffnet, die dieses Vorhaben erleichterte. In der „Jugendmode", die zum staatlichen Handel gehörte, wurde trendige Kleidung für junge Leute angeboten. Man musste allerdings regelmäßig dort vorbeischauen, da schicke Sachen nie lange vorrätig waren. Der Studentenausweis hatte den Vorteil, dass wir bei Veranstaltungen ermäßigten Eintritt erhielten. Mein Interesse fokussierte sich auf das Kino, nicht zuletzt, weil unweit unseres Internats ein Filmkunsttheater einlud. Neben Stummfilmklassikern lernte ich dort viele bedeutende Filme aus vorangegangenen Jahren kennen. In Erinnerung geblieben sind mir englische Shakespeareverfilmungen, wie König Lear, und Filme von Andrzej Wajda.

Konni, geboren im April 1946, erzählt

Meine Mutter, eine deutsche Antifaschistin, war nach der Machtergreifung der Nazis in die Sowjetunion emigriert. Sie lebte einige Jahre in der

Wolgarepublik der Deutschen, bis sie im Zuge des Stalinschen „Großen Terrors" 1937/38 wie viele andere verhaftet und in ein Arbeitslager nach Kasachstan gebracht wurde. Dort wurde ich geboren. Das Lager konnten wir im August 1946 verlassen, mussten aber in Kasachstan bleiben. Meine Mutter suchte uns eine Wohnung und Arbeit, um unseren Lebensunterhalt zu verdienen. In dieser Zeit wurde ich in einer Wochenkrippe betreut. Nach dem dritten Geburtstag ging ich in den Kindergarten und ab 1953 in die Schule. Überall wurde russisch gesprochen, auch meine Mutter sprach nur russisch mit mir. 1954 konnten wir in die DDR ausreisen. Als wir in Berlin ankamen, fühlten wir uns irgendwie verloren, niemand erwartete uns. Mit Hilfe von Bekannten erhielten wir im Randgebiet Berlins, in Rahnsdorf, eine Unterkunft. Bereits wenige Tage später ging ich in die Schule, noch einmal in die erste Klasse. Für die anderen war ich der „Russe", der kein Deutsch verstand. Zugute kam mir, dass der Lehrplan in der Sowjetunion anspruchsvoll gewesen war, weshalb ich fachlich keine Probleme hatte, dem Unterricht zu folgen. Die deutsche Sprache lernte ich fast nebenbei, ein Akzent blieb jedoch lange erhalten.

Unsere Schule hatte ein vergleichsweise hohes Niveau. Das hing wahrscheinlich auch damit zusammen, dass viele Rückkehrer aus der Emigration in Rahnsdorf eine Heimstatt gefunden hatten. Mit dem Abschluss der 10. Klasse verließ ich die Schule. Ich suchte mir eine Lehrstelle im Erzgebirge, bewusst weit weg von zu Hause. In einem Betrieb, der Gießereimaschinen herstellte, wurde ich zum Maschinenbauer ausgebildet. Ich hätte gern das Abitur nachgeholt, die Abendschule ließ sich jedoch nicht mit den Arbeitszeiten vereinbaren. Da wurde ich auf die ABF Freiberg aufmerksam. Derartige Einrichtungen hatte es ursprünglich bei vielen Hochschulen gegeben, um Heimkehrern aus Krieg und Gefangenschaft die Möglichkeit zu geben, das Abitur nachzuholen. 1966 waren nur noch zwei dieser Einrichtungen tätig. In Halle wurde auf ein Auslandsstudium vorbereitet, in Freiberg konnte man das Abitur ablegen, wobei die Bergakademie damit die Hoffnung verband, Nachwuchs für den Bergbau zu gewinnen.

Mein Start an der ABF wäre fast in die Hose gegangen, denn am Sonnabend vor Beginn des Semesters wurde ich zwecks Einberufung zum Wehrkreiskommando einbestellt. Mein Einwand, dass ich eine Zusage der ABF Freiberg hätte, nahm man nicht zur Kenntnis. Verzweifelt fuhr ich am nächsten Tag nach Freiberg, um vielleicht doch noch eine Änderung zu erreichen. Für mich stand auch deswegen viel auf dem Spiel, weil ich deutlich älter war als andere Abiturienten. Eine weitere Verzögerung hätte ein späteres Studium unwahrscheinlich werden lassen. Als ich am Institut ankam, war es wie leergefegt. Zum Glück traf ich den Rektor in seinem Zimmer an, der sich geduldig meine Geschichte anhörte. Nach kurzem Überlegen griff er zum Hörer, setzte eine gewichtige Mine auf und erklärte den Männern im Wehrkreiskommando mit der Überzeugungskraft seiner Jahre und dem Wissen um seine Position, dass ich vom Wehrdienst zurückzustellen sei. Ich hatte den Eindruck, dass die Herren, die mich tags zuvor ignoriert hatten, am anderen Ende der Leitung strammstanden. Jawohl, Genosse Professor, hörte ich sagen, und das Problem war gelöst.

Meine Studiengruppe setzte sich aus Bewerbern, die sich wie ich um einen Platz bemüht hatten, und anderen, die von ihren Betrieben geschickt worden waren, zusammen. Viele kamen aus der Produktion, waren Arbeiter. Politisch war unsere Gruppe weniger homogen zusammengesetzt. Wir diskutierten und stritten viel. Das Studentenleben bestand aber nicht nur aus Lernen und politischen Diskussionen, es hatte auch sehr angenehme Seiten. Wir verbrachten manche Stunde im Kaffee Hartmann, waren Tanzen oder im Theater. Im „Tivoli" spielten die aufstrebenden Bands der DDR, auch Manne Krug konnte ich dort live erleben. Alles in allem zählen die beiden Jahre in Freiberg zu den unbeschwertesten meines Lebens, sie öffneten mir darüber hinaus die Tür für das anschließende Studium.

In Halle waren wir, das heißt die Jungen, in den Frankeschen Stiftungen untergebracht, die sich damals in einem beklagenswerten Zustand befanden. „Unser" Haus hatte bereits mehr als hundert Jahre auf dem Buckel. Die Holztreppen waren durchgetreten und im Winter mussten wir einen Kachelofen heizen, wenn wir es warm haben wollten. Die Mädchen hatten es besser erwischt, ihr Wohnheim war vergleichsweise modern, trug allerdings den Beinamen „Rotes Kloster". Dort herrschten strenge Sitten, das Haus wurde um zehn Uhr zugesperrt. Der Vergleich mit einem Kloster war dennoch übertrieben, denn Klassenkameraden hatten Zutritt, zwar nur tagsüber, aber wer braucht schon die Nacht. In den Häusern der Stiftung waren die Regeln nicht so streng, was auch daran lag, dass die drei Eingänge des Hauses, in dem wir untergebracht waren, nicht abgeschlossen werden konnten. Man versorgte uns jedoch umfänglich mit schulischen Aufgaben, so dass sich eine Erkundung des Nachtlebens von allein verbot. Lediglich am Wochenende war an Ausflüge in die Stadt oder die Umgebung zu denken. Heimfahrten waren nur alle sechs Wochen vorgesehen, denn wir sollten uns daran gewöhnen, für längere Zeit von zu Hause weg zu sein. Dass wir überhaupt ab und an heimfahren durften, lag wahrscheinlich daran, dass wir ohne frische Wäsche bald durch eine Wolke unangenehmer Gerüche aufgefallen wären. Aus ähnlicher Vorsorge konnten wir einmal in der Woche zum Duschen gehen.

Bevor der Schulalltag zuschlug, war noch die Frage zu klären, wo wir studieren würden. Zu diesem Zweck wurden wir jeweils zu zweit in eine Lenkungsgruppe beordert. Meinem Mitstreiter und mir stellte man die Frage, ob wir in Polen oder Bulgarien studieren wollten. Wir waren irritiert, hatten wir doch beide fest mit einem Studium in der Sowjetunion gerechnet. Der andere fasste sich schneller als ich und entschied sich für Bulgarien. Polen, dachte ich bei mir, ist ja gleich um die Ecke, ich wollte ebenfalls weiter weg, also auch nach Bulgarien. Nun war die Kommission irritiert. Nach kurzer Beratung erhielten wir beide den Zuschlag für Bulgarien. Wir sind Freunde geworden. Leider kann ich Reinhard nicht mehr fragen, wie er diese Situation erinnert, denn er lebt nicht mehr. Ich bin mir aber sicher, dass er seine Entscheidung genauso wenig bereute wie ich. Mein Jüterboger Banknachbar war in einem anderen Internat untergebracht. Wir haben uns aus den Augen verloren. Spätere Versuche, ihn wiederzufinden, blieben leider erfolglos.

Die Schüler, Verzeihung Studenten, die in Bulgarien studieren sollten, waren in zwei Klassen zusammengefasst. In meiner Klasse waren wir drei Außenhändler, die nach Sofia gehen, und knapp zwanzig Lebensmitteltechnologen, mehrheitlich Mädchen, die ihr Studium in Plovdiv beginnen sollten. Die andere Klasse bestand aus zukünftigen Zahnmedizinern, die ebenfalls in Sofia studierten. Der Stundenplan war vom Sprachunterricht, täglich zwei Stunden bulgarisch, geprägt, weil wir ohne ein Sprachjahr direkt mit dem Studium beginnen sollten. Unsere Lehrerin, eine attraktive Bulgarin, sorgte mit ihrem Temperament dafür, dass sich trotz der vielen Stunden kein Überdruss breitmachte. Wegen der Fokussierung auf Bulgarisch fielen andere Fremdsprachen weg. Trotzdem war der Stundenplan übervoll, was unter anderem zur Folge hatte, dass wir erst kurz vor Küchenschluss in der Mensa aufschlugen. Unser Wahlessen bestand darin, zu essen was übrig war oder es sein zu lassen. Beim Abendessen gab es dieses Problem nicht, denn es bestand für alle gleichermaßen aus einem Päckchen mit Brot, Butter und einigen Scheiben wenig ansehnlicher Wurst.

Sieht man vom Sprachunterricht ab, wies unser Stundenplan kaum Unterschiede zu einer normalen EOS auf. Unverändert war auch, dass man mir den Posten des FDJ-Chefs der Klasse überhalf. Im Internat waren wir, die fünf Jungen der Klasse, in einem Zimmer untergebracht. Es befand sich ganz oben, in einem Aufbau des Hauses, über den Dächern gewissermaßen. Der Waschraum war eine Treppe tiefer gelegen. Wir hatten immerhin eine eigene Toilette, was sich als unschätzbarer Vorteil für diejenigen erwies, die das Zeitungsstudium bevorzugt an diesem Ort absolvierten. Das Kohleschleppen muss man eher als Manko unseres Vogelnestes verbuchen, auf der Habenseite stand, dass sich selten jemand zu uns verirrte. Einmal im Monat kam eine Kommission aus Studenten und Erziehern, die Ordnung und Sauberkeit, aber auch die Gestaltung des Raumes, beurteilte. Gestaltung meinte nicht die Möbel, die waren gegeben, sondern wie man das Zimmer verschönert hatte. Über Geschmack lässt sich bekanntlich streiten, weshalb dieses Kriterium vor allem dem sichtbaren Bemühen galt. Die Möblierung bestand aus zwei Doppelstockbetten sowie einer entsprechenden Anzahl von Tischen, Stühlen und Schränken. Wer aufgepasst hat, wird fragen, wo unser fünfter Mann geschlafen hat. Unser fünfter Mann, Nils, stieß erst einige Wochen später zu uns. Für ihn wurde das Zimmer aufgerüstet, man könnte auch sagen vollgestellt. Er hatte es nicht leicht, seinen Platz in der bereits formierten Männer-Wohngemeinschaft zu finden. Reinhard und ich waren Freunde geworden, ebenso die beiden anderen Jungen, die in Plovdiv studieren wollten. Nils suchte sein Heil bei den Mädchen, die den Gitarre spielenden Blondschopf gern unter ihre Fittiche nahmen.

Die gute Seele des Internats war eine Krankenschwester. Ich habe ihr Bild noch vor Augen, ihren Namen aber vergessen. Nennen wir sie Berta, denn sie war eine ältere, erfahrene und resolute Frau. Ihr blieb auch nichts anderes übrig, hatte sie doch gut einhundert junge Männer in ihrer Obhut. Mit ihrer großen Erfahrung konnte sie bei vielen kleinen gesundheitlichen und sonstigen Wehwehchen helfen. Hatte man sich entschlossen, aus welchen Gründen auch immer, nicht zum Unterricht zu gehen, führte an ihr kein Weg vorbei. Sie schaute einem tief in die Augen und fühlte den Puls. Meist lautete der Kommentar, du kannst die Mathearbeit ruhig schreiben, Jungchen. Widerrede war zwecklos. Das einzige erreichbare Telefon des Hauses befand sich in der Nähe des Eingangs. Der Andrang dort war trotzdem gering, denn nur wenige der Eltern oder Freunde, besaßen einen Telefonanschluss.

Auf der oberen Etage des Wohnheims erstreckte sich ein großer Raum über die Fläche des gesamten Hauses. Mit diesem Raum haben sich für mich Erinnerungen an zwei sehr unterschiedliche Veranstaltungen verknüpft. Die eine war meine erste Parteiversammlung, zu der ich, gemeinsam mit anderen, als Kandidat in die SED aufgenommen wurde. Im Kandidatenjahr sollte man sich bewähren, sollte man unter Beweis stellen, ein würdiges Mitglied der SED zu sein. Für die spätere Aufnahme als Mitglied brauchte man zudem zwei Genossen, die bereit waren, die Bürgschaft zu übernehmen. Neben unserer Aufnahme fand an diesem Tag auch ein Parteiverfahren statt. Zwei Studenten sollten sich für ein Fehlverhalten rechtfertigen und dabei deutlich machen, dass sie einsichtig sind. Ich weiß nicht mehr, worum es ging, ich weiß nur noch, dass mich dieses Prozedere unangenehm berührte. Die andere Veranstaltung im großen Saal, die mir in Erinnerung geblieben ist, war der Studentenfasching. Nach einem Umzug durch die Stiftungen ging es dort hoch her. Als sich die Feier ihrem Ende zuneigte, brachte ich „mein" Mädchen zurück ins Rote Kloster. Ich glaube, ich war das erste Mal verliebt.

Nils, geboren 1953, erzählt

Meine ersten Erinnerungen an die ABF sind mit Güntersberge verbunden. Wir waren in einem Ferienlager, nicht zur Erholung, sondern zu einem Lehrgang der Zivilverteidigung. Außerdem sollten wir einander kennenlernen. Für mich waren die geknüpften Kontakte nicht von Dauer, denn nach einigen Wochen stellte ich fest, dass das ins Auge gefasste naturwissenschaftliche Studium nicht das Richtige für mich sein würde. Ich durfte die Studienrichtung wechseln, was zur Folge hatte, dass ich nicht in der Sowjetunion, sondern in Bulgarien studieren sollte. In der neuen Klasse hatte ich zu kämpfen, um in der Sprachausbildung Anschluss zu finden. Unterstützung und Zuspruch erhielt ich von den Mädchen der Klasse. Bei ihnen war es außerdem warm, manchmal auch kuschelig.

Im großen Saal der Stiftungen fanden nicht nur Parteiversammlungen und der Faschingsball statt, sondern auch Disco-Abende. Das man dort die 60:40 Regel ernst nahm, das heißt 60% der gespielten Titel mussten aus dem Osten sein, störte uns nicht sonderlich. Die Songs von Njemen, den Roten Gitarren oder den Puhdys taten es auch. Spätesten, wenn das Lied „Es brennt der Wald" erscholl, bebte der Saal, so dass man ob des alten Gemäuers Angst bekommen konnte. Kultur beschränkte sich für mich nicht auf Tanzveranstaltungen, dazu war in Kunst und Kultur viel zu viel in Bewegung geraten. Nach dem Machtantritt von Erich Honecker 1971 hatte eine Tauwetter-Phase begonnen. Mit einem Mal waren kritische Texte,

Filme und Theaterstücke möglich. Im März 1972 erschien Plenzdorfs Buch „Die neuen Leiden des jungen W.", kurz darauf wurde in Halle eine Theaterfassung uraufgeführt. Das Stück bewegte mich, denn es warf Fragen auf, die mir, wie vielen jungen Leuten, unter den Nägeln brannten.

Dass ich neben den schulischen und gesellschaftlichen Aufgaben und Verpflichtungen noch Zeit fand, aktiv Sport zu treiben, finde ich heute erstaunlich. Im Sportunterricht hatte ich mich als bester Langstreckenläufer der ABF für die Studentenmeisterschaften qualifiziert. Ich trainierte mehrmals in der Woche. Als dann der Wettkampf stattfand, hatte ich das Gefühl, dass die anderen Läufer, die in Universitätsclubs trainierten, nicht zu einem 5.000 Meter Lauf, sondern zu einem Sprint angetreten waren. Ich versuchte Kontakt zu halten, was dazu führte, dass ich bereits nach wenigen Runden aufgeben musste.

In den Winterferien flogen wir, das heißt die beiden „Bulgaren-Klassen", nach Sofia. Von Sofia aus ging es mit einem Bus nach Berkoviza, einem kleinen Ort im Balkangebirge. Dort hatten wir nicht nur intensiven Sprachunterricht, sondern auch die Möglichkeit, unsere sprachlichen Fähigkeiten auf dem Markt oder im Restaurant zu erproben. Kontakt zu finden, war kein Problem, man brauchte nur in eine Gaststätte gehen und darauf warten, dass man angesprochen wurde. Berkoviza ist für einen süffigen Himbeerwein bekannt, einer Einladung der gastfreundlichen Bulgaren konnte man kaum ausweichen. Zu ihrer Freude löste der Wein die Zungen und bald auch die Stimmung. Dass das süße Gesöff nicht ungefährlich ist, bekam man spätestens am nächsten Tag zu spüren. Unser Klassenlehrer sollte zwar beide Klassen beaufsichtigen, doch wie hätte er fünfzig junge Leute im Auge behalten sollen. Außerdem war er mehr als genug damit beschäftigt, sich einer attraktiven Versuchung in Person der bulgarischen Betreuerin zu erwehren. Einige von uns nutzten die sich auf diese Weise ergebenden Freiräume zur intensiven „Vertiefung" eigener zwischenmenschlicher Beziehungen.

Aus der zweiten Hälfte des Schuljahres an der ABF ist mir ein Ereignis in Erinnerung geblieben, das ebenfalls zwiespältige Gefühle hinterließ. Es war Volkskammerwahl, ich war achtzehn Jahre alt und ging wählen. So weit so gut. Am Nachmittag wurden wir als Wahlhelfer losgeschickt. In den blauen FDJ-Hemden sollten wir Bürger, die noch nicht wählen waren, an die Stimmabgabe erinnern. Die meisten der Begegnungen verliefen gesittet, das heißt, ohne besondere Vorkommnisse. Einige der Angesprochenen ließen jedoch ihren Frust an uns ab. Andere machten klar, dass sie nur wählen würden, wenn man ihre Forderungen, zum Beispiel nach einer Wohnung, erfüllt. Ich wusste, dass es ein Problem war, eine Wohnung zu finden, aber was hatte die Beteiligung an der Wahl mit einer fehlenden Wohnung zu tun? Noch verstörender fand ich, dass solche Forderungen, die wie Erpressungen klangen, mitunter Erfolg hatten. Trotz allem, dieser Tag war nur eine Episode, die anstehenden Abiturprüfungen verlangten unsere volle Aufmerksamkeit.

Noch einmal Nils

Der Einsatz als Wahlhelfer ist mir ebenfalls in Erinnerung geblieben. In der Altstadt von Halle waren die Häuser in einem derart schlechten Zustand, dass ich dachte, in einen Slum geraten zu sein. Ich stamme aus einer sächsischen Kleinstadt und hatte so etwas noch nicht gesehen. Ich konnte nicht verstehen, dass man Menschen dort wohnen ließ, für mich gehörten die Häuser abgerissen. Heute ist man wahrscheinlich froh, dass sie die Zeit überdauerten; einige sind in wahre Schmuckkästchen verwandelt worden.

Nach den Prüfungen und dem Abi-Ball standen vier Wochen Ferien auf dem Programm, bevor das große Abenteuer, ein Studium in Bulgarien, beginnen sollte.

Koffer packen

Was packt man ein, wenn eine Rückreise frühestens in einem halben Jahr möglich ist? Mit neunzehn Jahren fechten einen solche Nebensächlichkeiten nicht an. Der Koffer durfte für den Flug ohnehin nur zwanzig Kilogramm wiegen, das heißt, die Möglichkeiten waren begrenzt. Der Teddy musste zu Hause bleiben. Es war Anfang August 1972 als unsere Maschine auf dem Flughafen in Sofia landete. Dort erwartete uns ein Bus, der uns nach Plovdiv brachte. Wir waren in einem Internat, das die zukünftige Heimstatt unserer Lebensmitteltechnologen werden sollte, untergebracht. Nach einer freundlichen Begrüßung erhielten wir unsere Zimmer. Es war fast wie in einem Hotel, die Zimmer waren sauber und die Betten frisch bezogen. Wir drei Außenhändler waren als Gäste nach Plovdiv mitgereist, um mit den anderen einen Monat Sprachtraining zu absolvieren. Der Unterricht war auf den Vormittag beschränkt, die eigentliche Herausforderung war der Nachmittag, denn es wurde unerträglich heiß. Wir haben vieles versucht, um uns Abkühlung zu verschaffen. Am angenehmsten war der Besuch im Schwimmbad. Dort konnten wir unkompliziert unsere Sprachkenntnisse testen und so das Angenehme mit dem Nützlichen verbinden. Unsere Mädchen waren dabei klar im Vorteil, denn sie wurden schnell von Jungen aus der Umgebung belagert. Einem von ihnen, der scheinbar ihr Anführer war, hatte es eines unserer Mädchen angetan. Sie war sportlich und für jeden Spaß im Schwimmbecken zu haben, was ihn offenbar beeindruckte. Es war irgendwie schön, wie die beiden miteinander umgingen, es war aber auch perspektivlos, wie uns schnell klargemacht wurde. Der Junge gehörte zu den „Zigani", wie man die Roma in Bulgarien nannte. Die Zigani standen mehr oder weniger außerhalb der Gesellschaft, Kontakte mit ihnen waren verpönt.

Die Zeit im Bad war eine tolle Abwechslung, die Lehrer hatten uns jedoch mit Aufgaben versorgt, die andauernden Müßiggang nicht zuließen. Doch selbst am Abend nahm die Hitze kaum ab. Jemand hatte die glorreiche Idee, zur Abkühlung die Füße in eine Schüssel mit kaltem Wasser zu stellen. Mir ist das nicht gut bekommen, ich bekam so hohes Fieber, dass ich kaum mehr ansprechbar war. Der Arzt, zu dem man mich am nächsten Tag schickte, meinte, ich solle Eier und Rotwein meiden. Ich war mir nicht sicher, ob ich ihn richtig verstanden hatte. Was hatten Eier und Rotwein mit meinem aufblühenden Rotz zu tun? Das Gute war, dass es der einzige schwere Infekt während des gesamten Studiums blieb, jedenfalls kann ich mich nicht erinnern, irgendwann Rotwein gemieden zu haben.

Die heiße Zeit in Plovdiv ging vorüber und wir drei Außenhändler fuhren Anfang September mit dem Zug nach Sofia. Am Bahnhof wurden wir vom Leiter der Studentenabteilung, die zur Botschaft der DDR gehörte, in Empfang genommen und zu unserem Internat gebracht. Er stellte uns samt Gepäck vorm Eingang ab, da er anderweitige Verpflichtungen hatte. Wir sahen das gelassen, da wir meinten, wir würden ähnlich wie in Plovdiv begrüßt werden. Hier war es aber irgendwie anders, niemand erwartete uns. Mit unseren bruchstückhaften Sprachkenntnissen versuchten wir dem Einlassdienst zu erklären, was unser Anliegen sei. Dort wusste man von nichts und die Leiterin des Hauses war nicht auffindbar. Als sie endlich auftauchte, nannte sie uns ein Zimmer, in dem wir nächtigen sollten, am nächsten Tag würden wir ohnehin zum Ernteeinsatz fahren. In diesem Zimmer erwarteten uns jedoch keine frisch bezogenen Betten, im Gegenteil, der Raum war leer, wenn man von Müllbergen in den Ecken absah. Mitten im Dreck auf dem Fußboden zu schlafen, schien uns dann doch nicht zumutbar, weshalb wir uns mit einem Notruf an die Studentenabteilung wandten. Nach einiger Zeit, der Abend rückte näher, kam deren Leiter angebraust und wir erhielten nach kurzem hin und her ein Zimmer mit Betten und Stühlen darin zugewiesen. Später durften wir uns Bettwäsche und einen Besen holen, damit wir den auch dort vorhandenen Müll beseitigen konnten. Außerdem bekamen wir die Möglichkeit, unser Gepäck einzuschließen, denn wir konnten und wollten die Koffer nicht zum Ernteeinsatz mitnehmen. Für die geplanten zwei Wochen schien uns eine Tasche ausreichend zu sein. Am nächsten Morgen, kurz vor der Abfahrt, begegneten wir einem DDR-Studenten aus einem älteren Jahrgang. Als er hörte, was wir vorhatten, lächelte er mitleidig. Wir sollten bald verstehen, warum.

In Bulgarien war es Tradition, zur Erntezeit jeden, der irgendwie entbehrlich schien, zum Einbringen von Obst und Gemüse auf die Felder zu schicken. Maschinen konnten für diese Arbeiten nur begrenzt eingesetzt werden, Obst und Gemüse, wie auch die Produkte daraus, waren jedoch wichtige Exportgüter Bulgariens. Uns verschlug es in ein Dorf irgendwo im Landesinneren. Unsere Truppe, Brigade genannt, bestand aus rund achtzig angehenden Studenten, mehrheitlich Bulgaren, aber auch aus Ausländern wie uns. Die Jungen waren in einer Turnhalle untergebracht, die man mit Feldbetten vollgestellt hatte. Reinhard und ich, wir nahmen zwei dieser Gestelle in der Nähe des Ausgangs, weil wir der Meinung waren, das sei eine gute Idee. Als der Einsatz immer wieder, bis in den Oktober hinein verlängert wurde, stellten wir fest, dass unsere Entscheidung einen gravierenden Nachteil hatte, denn der kleine Kanonenofen, der nicht nur Rauch, sondern auch etwas Wärme spendete, stand am anderen Ende der Turnhalle. Je weiter die Zeit voranschritt und sich die Regentage häuften, umso schmerzlicher wurde uns dies bewusst, zumal wir keine warmen Sachen eingepackt hatten. Waschen konnten wir uns vor dem Haus, wo aus vier dünnen Rohren kaltes Wasser in eine Steinrinne sprudelte. Das Toilettenhäuschen war nur wenige Meter entfernt. Es bestand aus Verschlägen ohne Türen, jeweils mit einem Loch im Boden vor dem zwei Ziegelsteine zum Raufstellen angebracht waren. Zielgenauigkeit war gefragt. Der Vorteil der Anlage war, dass man beim Gang zu den Örtchen die Anwesenden mit Namen begrüßen konnte. Einmal in der Woche durften wir das öffentliche Bad nutzen, was nach der Feldarbeit bei Sonne, Wind und Regen mehr als erforderlich war. Da wir nur für zwei Wochen Kleidung mitgenommen hatten, war ein gewisser Körpergeruch ohnehin bald nicht zu vermeiden. Organisiert und kontrolliert wurde der Ernteeinsatz von Studenten älterer Semester. Wir bekamen die „Kommandeure" allerdings selten zu Gesicht. Sie hatten die wenigen Mädchen der Gruppe in ihrer Nähe einquartiert und waren mehr mit Partys als mit der Ernte beschäftigt. Nils war übrigens bei der Belegung der Betten pfiffiger gewesen als wir, er hatte sich ein Gestell in der Nähe des Ofens genommen. Trotzdem wurde er krank, was zur Folge hatte, dass er ein Quartier bei den Kommandeuren erhielt. Von da an haben wir ihn nur noch selten gesehen.

Willi, geboren 1950, erzählt

Ich wurde in einem Dorf im heutigen Land Brandenburg geboren. Meine Familie gehörte zu den „Alteingesessenen", nach dem Krieg waren viele Flüchtlinge hinzugekommen. Konflikte mit den Neusiedlern gab es kaum. Vielleicht war das dem Umstand geschuldet, dass alle zu kämpfen hatten, um die schwere Nachkriegszeit zu überstehen. Mein Vater war Angestellter, darüber hinaus beackerte er Land, das er von der Kirche gepachtet hatte. Auf diese Weise konnten wir Tiere halten und das, was wir zum Leben brauchten, weitgehend selbst erzeugen. Ab 1957 besuchte ich die Dorfschule, später die Zentralschule im Nachbardorf. Die EOS befand sich in der Kreisstadt. Da der Weg dorthin mit dem Fahrrad zu weit gewesen wäre, wurde ich im Internat einquartiert. In der neunten Klasse erhielt ich die Einladung zu einer Veranstaltung, wo man über die Möglichkeiten eines Auslandsstudiums informierte. Das interessierte mich, denn ich wusste, dass ein Junge aus meinem Dorf nach Leningrad gegangen war. Dort wollte ich auch hin, Mathematik studieren. Gelandet bin ich bei den Außenhändlern in Bulgarien; manche Wege sind eben verschlungen.

Das erste Jahr in Sofia galt der Sprachausbildung. Am Institut für Ausländer, das sich auf diese Aufgabe spezialisiert hatte, waren wir eine „bunte" Truppe, sowohl von der Hautfarbe als auch von den Charakteren und Ansichten her. Die ersten Monate sollten wir vor allem sprechen lernen, später kam die kyrillische Schrift hinzu. Wir waren viel auf den Straßen, auf Märkten und in Geschäften unterwegs, um uns auszuprobieren. Das Institut hatte zudem einen Bus, mit dem wir beinahe jede Woche Ausflüge machten, um die verschiedenen Landesteile

Bulgariens kennenzulernen. Zu den besonderen Erlebnissen gehörte unsere Tanzgruppe, mit der wir bulgarische Volkstänze einstudierten. Die Auftritte unserer „bunten" Truppe in bulgarischen Trachten wurden von den Leuten begeistert aufgenommen.

Die weitaus größte Gruppe der DDR-Studenten waren angehende Zahnmediziner. Bei ihnen hatte sich eine Band gegründet, die zu unseren Festen aufspielte. Die Faschingsfeiern waren legendär, auch weil die Büttenreden nicht als „jugendfrei" eingestuft worden wären. In einer der Reden wurde ich wegen einer anstößigen Aktion im Fahrstuhl aufs Korn genommen. Da diese Rede nicht mehr auffindbar ist, kann der Name des beglückten Mädchens für immer im Dunkeln bleiben. Scheinbar war ich kein Kind von Traurigkeit. Vor diesem Hintergrund ist vielleicht verständlich, dass ich mir sicher war, bis zum Ende des Studiums im Hafen der Ehe gelandet zu sein. Ich verwettete 50 Flaschen Sekt darauf. Als sich das Studium dem Ende zuneigte und sich eine Ehe nicht abzeichnete, begann ich, ein Sektlager anzulegen. Dieses Vorhaben stieß auf unerwartete Schwierigkeiten, denn irgendjemand hatte immer einen Anlass, der sofort begossen werden musste.

Die Studentenbrigade kannte ich nur aus Erzählungen. Als unsere Greenhorns Nils, Reinhard und Gerd zu ihrer ersten Brigade aufbrachen, konnte ich sie nur mitleidig belächeln. In den Folgejahren wurde der Druck auf die DDR-Studenten, sich nicht auszuschließen, größer. Wenn es schon sein musste, wollten wir den Einsatz wenigstens selbst organisieren. Am Schwarzen Meer, im internationalen Jugendlager Primorsko, lernte ich einen Komsomolsekretär kennen, der mir den Kontakt zu einer landwirtschaftlichen Kooperative vermittelte. Mit dieser Kooperative konnte ich einen Vertrag abschließen, so dass in den folgenden Jahren die DDR-Studenten in dieses Dorf zum Ernteeinsatz fuhren. Sie waren ihre eigenen Kommandeure, hatten es also weitgehend selbst in der Hand, wie die Wochen verliefen. Ich musste auf diese Erfahrung verzichten, weil mich die Diplomarbeit und das Staatsexamen in Anspruch nahmen.

Vom Ernteeinsatz zurückgekehrt, bestand unsere erste Aufgabe darin, im Internat ein anständiges Zimmer zu finden. Mittlerweile waren auch die anderen Studenten aus der DDR, die schon einige Zeit in Bulgarien lebten, eingetroffen. Sie halfen uns, alles Notwendige zu organisieren. Mit ihrer Hilfe konnten wir bald ein passables Zimmer mit vier Betten, Stühlen und einem Tisch vorweisen. Im Eingangsbereich des Zimmers war ein Waschbecken angebracht. Außerdem gab es dort zwei Spinte, was darauf schließen ließ, dass die Zimmer ursprünglich für zwei Personen gedacht gewesen waren. Zu Reinhard und mir zogen zwei Bulgaren, die etwas älter waren als wir, da sie vor dem Studium den Wehrdienst absolviert hatten. Sie waren für uns „grüne Jungs" wie ältere Brüder, die zeigen, wo es langgeht.

Die Etage, in der unser Zimmer lag, und die Etage darüber waren den Männern vorbehalten, die Frauen hatten ihr Domizil auf den beiden Etagen darunter. Auf jeder Etage gab es eine Gemeinschaftsdusche und einen großen Toilettenraum. Das Wohnheim war eines der ersten gewesen, das im in der Entstehung begriffenen Studentenstädtchen gebaut worden war. Die Blöcke standen zwar schon einige Jahre, doch vieles war noch immer provisorisch. Eines der Ärgernisse war, dass ab und an der Strom ausfiel. An dieser Stelle drängt es mich, eine Geschichte zu erzählen. Vorausschicken muss ich, dass die Toiletten im Internat anders waren als die im Ernteeinsatz, und auch wieder nicht. Es waren zwar Toilettenbecken vorhanden, jedoch ohne Brillen, auf die man sich hätte setzen können. Einige versuchten sich auf den Rand des Beckens zu hocken, um in dieser Position ihr Geschäft zu erledigen. Das war nicht nur unbequem, sondern auch eine wackelige Angelegenheit. In unserem Block wohnten viele ausländische Studenten, darunter Afrikanern und Araber. Letztere besuchten das Örtchen mit einer Flasche in der Hand. Das darin enthaltene Wasser diente der Reinigung. Wer sich fragt, wie man sich das vorstellen muss, den muss ich enttäuschen, ich habe nie zugeschaut. Die linke Hand galt bei ihnen allerdings als „unrein", weshalb deren Nutzung gewissen Einschränkungen unterlag. Es war natürlich möglich,

Zeitungspapier einzusetzen oder Toilettenpapier zu kaufen. Das Papier wurde nach der Benutzung in bereitstehende Körbe geworfen, da der Querschnitt der Abwasserrohre ein Hinwegspülen nicht zuließ.

Besonders kritisch war der Toilettengang am Wochenende, denn am Sonntag hatten die Reinigungskräfte frei. An den anderen Tagen gingen sie vormittags mit einem Schlauch durch das Örtchen und spülten alles Danebengegangene fort. Schon an einem gewöhnlichen Abend konnte der Besuch besagten Örtchens kritisch werden, festes Schuhwerk war empfehlenswert. Sonntagabends aber war es besser, sich diesen Gang zu verkneifen. Das galt umso mehr, wenn wieder einmal der Strom ausgefallen war. Ließ es sich trotzdem nicht vermeiden, stellten sich die Männer meist an die Tür der Kabine und pinkelten drauflos. Eines Abends ertönte von drinnen ein Schrei und ein Schwarzhäutiger kam schimpfend aus dem Dunkel hervor. Diese Geschichte machte schnell die Runde. Um ähnliches Ungemach zu vermeiden, hatte einer von ihnen die Idee, sich bei Stromausfall mit einer Kerze zu bewaffnen. Man stelle sich vor, wie abends eine dunkle Gestalt in langem Nachthemd, in der einen Hand eine brennende Kerze und in der anderen die obligatorische Wasserflasche den Flur entlang zum Örtchen schlürft - ein Bild, das man nicht vergisst.

Die Wohnheime befanden sich am Rande der Stadt, die Institutsgebäude im Stadtkern. Wir waren, um dorthin zu gelangen, auf den Bus angewiesen, der im Studentenstädtchen seine Endstation hatte. Dies hatte den Vorteil, dass morgens die Busse relativ leer und pünktlich waren. Am Nachmittag war das anders. Die Busse kamen dann sehr unregelmäßig und waren meist überfüllt. Die Geschichten, die wir in oder mit den Bussen erlebten, könnten Bücher füllen. Hatte man schon eine halbe Stunde oder länger auf einen von ihnen gewartet, dann wollte man mit, egal wie. Die Hauptsache war, dass man irgendwo einen Fuß unterbringen und sich festhalten konnte. Auf diese Weise entstanden an den Türen Menschentrauben, die zu einer bedenklichen Schieflage des Busses führen konnten. Immer mal wieder weigerte sich einer der Busfahrer, unter diesen Bedingungen weiterzufahren. Meist setzte sich jedoch der

Beharrungswille der Fahrgäste durch, zumal niemand wusste, wann der nächste Bus kommen würde; wahrscheinlich wäre er nicht minder voll. Die Mehrzahl der Leute ertrug das Chaos mit Humor. Nur im Sommer, wenn es heiß war, und zu sonstigen Ausdünstungen auch noch ein penetranter Knoblauchduft hinzukam, schien für uns Mitteleuropäer die Grenze des Erträglichen erreicht. Einmal drin im Bus, musste man jedoch durchhalten. Die Lage des Wohnheims am Stadtrand hatte auch etwas Gutes, denn wir wohnten am Fuße des Vitoscha. Das beeindruckende Panorama des bis 2300 Meter aufragenden Gebirges lud zum Wandern ein. Das Vitoscha war schon seit langem Nationalpark und gut erschlossen, so dass Wandertouren nicht nur für uns eine willkommene Abwechslung waren.

Unserer Hochschule nannte sich in der wörtlichen Übersetzung „Hohes Ökonomisches Institut Karl Marx". Die Hochschule existiert noch, der Name ist ihr jedoch abhandengekommen. Marx spielte allerdings schon zu unserer Zeit im Studium kaum eine Rolle, unsere Fachrichtung „Internationale ökonomische Beziehungen" war weltmarktorientiert aufgestellt. Die politischen Fächer wie auch die Fremdsprachen wurden für die Ausländer, von denen die meisten aus jungen Nationalstaaten kamen, separat unterrichtet. Bulgarisch galt für alle als erste Fremdsprache, als zweite wurde uns DDR-Studenten russisch empfohlen, was sich wegen der Ähnlichkeit der beiden Sprachen als problematisch erwies. Das den Ausländern in den politischen Fächern vermittelte Wissen war auf Grundlagen beschränkt. In diesen Fächern, wie insgesamt in den Seminaren, wurde Wert auf Anwesenheit gelegt, bei den Vorlesungen war man weniger konsequent. Alle Fächer schlossen mit einer mündlichen Prüfung ab. Nur die Prüfung zählte, Vornoten wurden nicht vergeben. Die Anzahl der Prüfungen konnte sich auf vier bis sechs pro Semester summieren. Zur Vorbereitung erhielten wir jeweils einen Katalog mit Fragen, auf die wir uns einstellen sollten. Im Prüfungsraum durfte man zwei dieser Fragen wie Lose aus einem Topf ziehen. Die Reihenfolge, in der die Studenten in die Prüfung gingen, war nicht vorgegeben, man ging hinein, sobald man den Mut dazu gefasst hatte. Wir drei versuchten, bei den ersten Prüflingen dabei zu sein. Auf diese Weise hatten wir es schnell hinter uns und konnten den Tag genießen. Die Methode, ausschließlich die Leistung in der Prüfung zu bewerten, hatte durchaus etwas für sich, da auf diese Weise die Fähigkeit trainiert wurde, Leistungen zum entscheidenden Zeitpunkt abzurufen. Nach Abschluss der Prüfungen durften wir nach Hause, in die DDR fahren. Einmal im Jahr wurden uns die Flüge bezahlt, in der Winterpause mussten die Eltern das Geld aufbringen. Für das Studium wurden keine Gebühren verlangt, im Gegenteil, wir erhielten ein Stipendium, das gut auskömmlich war, jedenfalls in den ersten Jahren. Im Laufe der Zeit stiegen allerdings die Preise, nur das Stipendium nicht. Nach und nach wurde es eng, zumal es wegen der Beschränkungen im Währungsumtausch keine Möglichkeit gab, Zuschüsse von den Eltern zu erhalten, was den Vorteil hatte, dass alle mit dem gleichen Problem zu kämpfen hatten.

Als wir das Studium am Hohen Ökonomischen Institut begannen, waren bereits zehn DDR-Studenten in höheren Semestern immatrikuliert. Sie nahmen uns Neuankömmlinge unter ihre Fittiche und halfen bei der Eingewöhnung. Bei Reinhard klappte das so gut, dass er bald in den Stand der Ehe wechselte. Die Eheleute konnten ein Quartier im Familienblock beziehen, wo sie mehr Privatsphäre, aber auch weniger Kontakt zum Rest der Gruppe hatten. Nicht nur die Blöcke für junge Familien waren im Studentenstädtchen entstanden, insgesamt kamen immer mehr Wohnblöcke hinzu. Zu Beginn des zweiten Jahres konnten auch wir ein neues Wohnheim beziehen. Im Unterschied zum vorherigen gehörte ein Bad mit Sitztoilette, Waschbecken und Dusche zur Ausstattung der Zimmer. Die Anbindung des Studentenstädtchens verbesserte sich ebenfalls, so dass die abenteuerlichen Busfahrten des ersten Jahres nur noch in den Anekdoten weiterlebten. Jahr für Jahr verstärkten drei Neulinge aus der DDR die Gruppe der Außenhändler, andere beendeten das Studium, so dass wir ein kleiner Haufen blieben. Wir wohnten Tür an Tür, und konnten jederzeit mit unseren Fragen und Sorgen zu den anderen gehen, um uns auszutauschen, um Rat zu holen oder, falls nötig, Trost zu finden. Eltern und Geschwister waren weit weg, ehe von dort Post eintraf, war das „unlösbare" Problem bereits Vergangenheit. Die Studentengruppe musste in Vielem die Familie ersetzen.

In der Prüfungszeit stand das Lernen im Vordergrund, schließlich hatten wir einen Ruf zu verteidigen. Die Studenten aus der DDR galten im Institut als Beststudenten. Gute Noten entsprachen nicht nur unserem Ehrgeiz, sie waren auch Basis für die Zuerkennung eines Leistungsstipendiums. Das Leistungsstipendium konnte zwar unsere permanente Geldknappheit in Bulgarien nicht lindern, da es zu Hause auf ein Konto überwiesen wurde, aber in den Ferien war mit dessen Hilfe die eine oder andere Anschaffung möglich. Unser guter Ruf half uns auch, wenn es galt, mit einem Anliegen, wie dem Vorverlegen einer Prüfung, durchzudringen. Mit dem Vorverlegen einer Prüfung konnte man die freie Zeit zwischen den Semestern und damit die Heimreise verlängern. Nach den Prüfungen ebbte unser Lerneifer wieder deutlich ab, im Semester ließen wir es schon mal schleifen. Morgens um sechs in die Stadt zu fahren, um eine Vorlesung zu hören, der man sprachlich nur bedingt würde folgen können, wäre ja auch Kraft- und Zeitverschwendung gewesen. Für uns war vor allem wichtig, den Professor wenigstens einmal vor der Prüfung gesehen zu haben, um Verwechslungen auszuschließen.

Im Fach Statistik, von dem sich mir der Satz einprägte, sie sei die höchste Stufe der Lüge, war uns dies nicht gelungen. Es war wie verhext gewesen, die beiden Male, da wir uns früh aus den Betten gedreht hatten, kam der Assistent, um die Vorlesung zu halten. Wir gingen mit einem mulmigen Gefühl zur Prüfung, denn auf die Feststellung des Professors, dass er uns nicht kennen würde, hätten wir kaum Vernünftiges antworten können. Das Schicksal kam uns zur Hilfe. Der Assistent, dem wir positiv aufgefallen waren, weil die frühmorgendlichen Vorlesungen insgesamt nur mäßig besucht waren, nahm die Prüfung ab. Das war noch einmal gutgegangen. Natürlich waren nicht alle Vorlesungen schwach besucht. Neben der Uhrzeit spielte die Persönlichkeit des Professors in dieser Frage eine Rolle. Ich erinnere mich an die Vorlesungsreihe zur Geschichte der ökonomischen Lehren, bei der selbst der größte Saal nicht ausreichte, um allen Interessenten Platz zu bieten. Das Fach war spannend und der Professor, ein jung gebliebener, charismatischer Mann, vermochte es, seine Zuhörer zu fesseln. Dass man ihm Affären mit Studentinnen nachsagte, schadete seinem Ansehen nicht, eher im Gegenteil. Gut besucht waren auch Vorlesungen in Fächern, zu denen es keine Lehrbücher gab. Man konnte sich in diesem Fall nur auf eigene Mitschriften verlassen, was uns, wie man sich denken kann, vor Probleme stellte. Wir nahmen in solchen Fällen gern die Hilfe von Kommilitonen in Anspruch.

Die ausländischen Studenten wurden von einem speziellen Dekanat betreut, das bei Problemen im Studium oder anderswo Hilfe leistete. Unser Dekan hatte den Spitznamen „Pescho glawa" erhalten, was ungefähr mit „Peter der Kopf" übersetzt werden kann, denn sein Kopf war im Verhältnis zu den sonstigen Körperproportionen überdimensioniert. Ich habe ihn als einen eher mürrischen Menschen in Erinnerung, der nicht gerade mit Esprit gesegnet schien. Zu den Höhepunkten jedes Semesters zählte eine Exkursion, organisiert vom Ausländerdekanat. Wir waren im Bus des Instituts unterwegs, der, wie der Fahrer auch, in die Jahre gekommen war. Zum Fahrer hatten wir trotzdem großes Vertrauen, denn er hat uns so manches Mal über enge Serpentinen mit Gegenverkehr sicher ans Ziel gebracht. Zu einer solchen Exkursion gehörte regelmäßig die Besichtigung eines Weinwerks, mit Verkostung versteht sich. Nachdem wir schon etliche Male die Weinherstellung erklärt bekommen hatten, kürzte unser Dekan eines Tages die Prozedur ab, indem er dem Direktor erklärte, wir sollten die Produktion überspringen und gleich zur Verkostung gehen. Ich weiß nicht, was an diesem Tag in ihn gefahren war, denn bei der Verkostung gab er noch einen leicht anrüchigen Spruch von sich. Er belehrte uns, dass man Weingläser und Frauen unten anfasst, damit sie singen. Einen Moment lang herrschte betretenes Schweigen, doch dann war das Hallo umso größer. Diesen Spruch hatte wohl niemand von ihm erwartet.

Unsere kleine Gemeinschaft von DDR-Studenten war nicht nur Ersatzfamilie, wir waren auch eine FDJ- Gruppe. Das eine ließ sich vom anderen nicht trennen. Als ich in Bulgarien ankam, wurde ich eingeladen, in der FDJ-leitung für Sofia mitzuarbeiten. In dieser Zeit wurden in der DDR überall Jugendclubs gegründet. Es entstand die Idee, auch in Sofia einen Jugendclub als Begegnungsstätte der DDR-Studenten aufzubauen. Die Botschaft signalisierte Bereitschaft, Räume zur Verfügung zu stellen und Geld für Technik locker zu machen. Ich wollte helfen, den Jugendclub zu organisieren, denn mich reizte die Idee, Angebote zu machen, die man annehmen konnte oder eben nicht, da die FDJ-Arbeit ansonsten fast ausschließlich aus Pflichtterminen bestand. In den Sommerferien 1973 kaufte ich einen Plattenspieler und ein Tonbandgerät, mit dem ich Musik aufnahm. Allzu große Anforderungen an die Technik hatten wir augenscheinlich nicht. Im selben Sommer fanden auch die Weltfestspiele der Jugend und Studenten in Berlin statt, wo ich in der USA-Delegation eingesetzt war. Dort kam ich zwar nur selten vom Telefondienst weg, trotzdem verbinden sich mit diesen Tagen einige nachhallende Erlebnisse. Einer der Höhepunkte war die Ankunft von Angela Davis, einer afroamerikanischen Professorin und Bürgerrechtlerin. Sie war in den USA auf Basis fadenscheiniger Indizien des politischen Mordes beschuldigt worden. Die FDJ hatte sich in einer breit angelegten Aktion für ihre Freilassung eingesetzt. Noch bewegender empfand ich die Eröffnungsfeier im Walter-Ulbricht-Stadion, das aus diesem Anlass den Namen „Stadion der Weltjugend" erhielt. Nach und nach marschierten die Delegationen ein, darunter Vertreter nationaler Befreiungsbewegungen, deren Kampf die FDJ solidarisch begleitet hatte.

Als wir nach den Ferien wieder in Bulgarien eintrafen war von einem Jugendclub nicht mehr die Rede. Wir durften zwar den Plattenspieler und das Tonbandgerät behalten, aber eigene Räumlichkeiten waren nicht in Sicht. Später wurde mir klar, dass sich der politische Wind gedreht hatte und diejenigen in der Botschaft, die unserem Plan ohnehin nur widerwillig zugestimmt hatten, schnell dabei waren, ihn einzukassieren. Für mich hatte das kleine Abenteuer Jugendclub den Nebeneffekt, dass ich keine Funktion mehr bekleidete, was bis zum Ende des Studiums so blieb. Die Idee, Veranstaltungen auf Basis einer freiwilligen Teilnahme anzubieten, verfolgte ich jedoch weiter. Eine meiner Überlegungen war, dass wir uns unabhängig von allen Vorgaben mit einem Werk von Marx oder Engels beschäftigen könnten. Im Studium wurden Ihre Namen oft im Mund geführt, doch ihre Schriften im Original zu lesen, war nicht gefordert. Mit einigen Mitstreitern entschieden wir uns für den „Anti-Dühring" von Friedrich Engels. In diesem Buch gibt er einen Überblick über die verschiedenen Gebiete des Marxismus, und das in einer vergleichsweise gut verständlichen Sprache. Erstaunlicherweise war man in der Botschaft von unserem Vorhaben nicht begeistert. Man ließ uns jedoch gewähren, mit welcher Begründung hätte man dies auch unterbinden sollen. Später stellte ich fest, dass auch in der DDR die Originale von Marx und Engels, sieht man vom Kommunistischen Manifest ab, kaum gelesen wurden. Es überwog ein Grundwissen, das maßgeblich von Lenin und Stalin beeinflusst war.

Unsere Studentengruppe hat mich in vielerlei Hinsicht geprägt. Bei uns herrschte eine sehr offene Atmosphäre. Diskussionen wurden zwar mitunter hart, aber selten persönlich verletzend geführt. Mit Kritik hielt sich niemand zurück, auch dann nicht, wenn die Diskussion für einen selbst unangenehm werden konnte. Hatte man Mist gebaut, musste man sich rechtfertigen und die Schuld nicht bei anderen suchen. Die Forderung nach Selbstkritik wurde vielleicht manchmal überzogen, doch insgesamt halte ich die Fähigkeit zu einer kritischen Selbstbefragung für einen Gewinn. Zu dem, was uns als Studenten bewegte, gehörten auch die politischen Entwicklungen in der Welt. Der Sozialismus schien auf dem Vormarsch zu sein. An Kuba hatten sich die USA trotz Wirtschaftskrieg und militärischer Intervention die Zähne ausgebissen. Die Befreiungsarmee Vietnams hatten sie nicht besiegen können, obwohl sie ihr großes militärisches Gewicht in die Waagschale geworfen hatten und auch vor dem Einsatz von Chemiewaffen nicht zurückschreckt waren. In

Griechenland war die Militärdiktatur hinweggefegt worden. Mikes Theodorakis, dem FDJ-ler tausende Postkarten ins Gefängnis geschickt hatten, war endlich frei. In Portugal hatte eine Revolution, angeführt von jungen Offizieren, der faschistischen Diktatur ein Ende bereitet. Das portugiesische Kolonialreich zerbrach und die jungen Nationalstaaten Angola und Mosambik orientierten sich auf einen nichtkapitalistischen Weg. In Chile hatte 1970 eine Volksfront die Wahlen gewonnen. Die Lieder der friedlichen Revolution waren zu den Weltfestspielen allgegenwärtig gewesen. In der DDR waren mit dem Wohnungsbauprogramm und den Maßnahmen für junge Familien, wie dem Ehekredit, die drängendsten sozialen Probleme in Angriff genommen worden. Auf der anderen Seite hatte der Ölpreisschock die westlichen Länder in eine Wirtschaftskrise gestürzt, so dass einige unserer Gelehrten bereits den bevorstehenden Untergang des Kapitalismus verkündeten.

Dieses Hochgefühl erhielt einen schweren Dämpfer, als nach den Weltfestspielen die Nachricht kam, dass es in Chile einen Putsch von in den USA ausgebildeten Offizieren gegeben hatte. Sie ließen am 11. September 1973 den Präsidentenpalast bombardieren, im Zuge dessen der gewählte Präsident Allende ums Leben kam. Der von vielen verehrte Sänger Victor Jara wurde gequält und bestialisch ermordet. Viele seiner Genossen erlitten ein ähnliches Schicksal. Eine Reihe von Ländern nahm Flüchtlinge aus Chile auf, darunter Bulgarien. Ein besonders bewegendes Ereignis war der große Trauermarsch für Luis Alberto Corvalán, dem Sohn des Vorsitzenden der Kommunistischen Partei Chiles. Er war nach dem Putsch gefangengenommen und gefoltert worden, weil man von ihm den Aufenthaltsort seines Vaters erfahren wollte. Nach seiner Freilassung ging er nach Bulgarien ins Exil, wo er den gesundheitlichen Folgen der Folter erlag. Diese Ereignisse waren schmerzlich, aber wir waren in der Lage, sie politisch einzuordnen. Manche Entwicklungen in der DDR ließen uns dagegen ratlos zurück. Ein Liedermacher, den keiner von uns kannte, war ausgebürgert worden. Diese Ausbürgerung schlug hohe Wellen. Einige Künstler und Kulturschaffende solidarisierten sich mit ihm, andere bezogen Gegenpositionen. Wie sollten wir das bewerten, weit weg von daheim?

Wer nun meint, politische Diskussionen und revolutionärer Eifer bestimmten unseren Alltag, der irrt. Junge Menschen haben vielfältige Interessen und Bedürfnisse, das galt auch für uns. Darüber hinaus war der revolutionäre Elan nicht gleichmäßig verteilt, für die meisten hatte das studentische Leben Vorrang. Ein wichtiger Teil dessen war das Verhältnis zum anderen Geschlecht. Paare fanden sich. Manche Partnerschaften hielten nur wenige Monate, andere überdauerten die Zeit, mitunter bis heute. Dass sich meist Landsleute zusammenfanden, war wahrscheinlich der noch vorhandenen Sprachbarriere und den kulturellen Unterschieden geschuldet. Den Außenhändlern hatte man zudem zu verstehen gegeben, dass die Ehe mit einer Bulgarin respektive einem Bulgaren die späteren Einsatzmöglichkeiten beschränken würde. Beziehungen zu Menschen aus Drittländern waren generell nicht erwünscht, manchmal wurden sie sogar unterbunden, in dem eine Relegation in die DDR erfolgte. Mich hat die Liebe erst spät erwischt, das letzte Studienjahr war bereits angebrochen, als sie mich packte. Es war eine aufregende, spannende und schöne Zeit. Eine Beziehung im Wohnheim hatte jedoch ihre Tücken. Wollte man eine Nacht zu zweit verbringen, waren einige organisatorische Vorbereitungen erforderlich. Wir hatten insofern Glück, als die bulgarischen Mitbewohnerinnen meiner Freundin hin und wieder zu ihren Eltern fuhren und wir dadurch das Zimmer für uns hatten. Für meine Mitbewohner war es schon schwieriger, denn ich konnte nicht einfach mal wegfahren. Deshalb musste ich es, wohl oder übel, hinnehmen, ab und an vor verschlossener Tür zu stehen. Dass aus meiner Beziehung keine dauerhafte Partnerschaft wurde, lag an mir. Als das Datum meiner Abreise näher rückte, hatte meine Freundin noch drei Jahre vor sich. Damals schien mir die lange Wartezeit eine unüberwindliche Hürde zu sein.

Jupi, geboren 1953, erzählt

Ich wurde in Berlin geboren, in einer Zeit, da meine Eltern noch Studenten an der Hochschule für Ökonomie waren. Nach ihrem Studium zogen wir nach Freiberg, wo beide eine Stelle als Lehrer an der Bergakademie erhielten. Mein Vater ist leider früh verstorben. Meine Mutter, eine überzeugte Kommunistin und resolute Frau, übernahm viele anspruchsvolle Aufgaben für die Partei. Sie war oft auf Reisen, so dass der Kindergarten mein zweites Zuhause wurde. Fernsehen und Radio westdeutscher Sender waren bei uns tabu. Ab der dritten Klasse besuchte ich eine Schule mit verstärktem Russisch-Unterricht. Das Niveau an dieser Schule war hoch, so dass fast alle Schüler ihren Weg an der EOS fortsetzen konnten. Dass sich ein Studium in der Sowjetunion anschließen würde, war für mich selbstverständlich. Während des Studiums war jeder DDR-Student verpflichtet, wenigstens einmal an einer Studentenbrigade teilzunehmen. Mein erster Einsatz führte mich in einen Kolchos, wo wir einen Kuhstall bauen sollten. Die Bedingungen waren einfach, um es vorsichtig auszudrücken. Den Höhepunkt des Tages bildete der Wodka, der trotz Alkoholverbot zum Feierabend in unsere Metallbecher gegossen wurde. Wer einen großen hatte, war klar im Vorteil, einen großen Becher, natürlich. Unabhängig von allen Widernissen, mit denen wir dort lebten und arbeiteten, begeisterte mich der Zusammenhalt der Truppe. Er war einer der Gründe dafür, dass ich mich auch in den Folgejahren zu Arbeitseinsätzen meldete. Während einem dieser Einsätze kamen wir in die Stadt Gagarin, wo wir einer Tradition der Baubrigaden folgend eine Spende überreichten. Gagarin war damals ein kleiner Ort aus Bauernkaten, dessen Namen auf den berühmten Sohn des Städtchens zurückging – Juri Gagarin, den ersten Menschen im All. Seine Mutter lebte noch dort. Als Gagarin sie besuchte, soll die ganze Stadt versammelt gewesen sein. Ein altes Väterchen fragte ihn, so wird erzählt, ob er dort oben den lieben Gott gesehen hätte. Gagarin lächelte und sagte, dass die Erde so wunderschön sei, dass er während des kurzen Fluges die Augen nicht habe abwenden können, um in andere Richtungen zu schauen.

In den letzten Jahren des Studiums wollte ich nach Sibirien zum Einsatz, weil das eine der wenigen Möglichkeiten war, diesen beeindruckenden Teil der Welt hautnah zu erleben. Mein erstes Sibirien-Abenteuer führte mich an die Baikal-Amur-Magistrale, einer Eisenbahntrasse, die die Verbindungen zwischen dem östlichen und dem westlichen Teilen der Sowjetunion verbessern sollte. Ich wurde Brigadier einer „kommunistischen Brigade", das heißt, wir arbeiteten unentgeltlich, meist auch ohne Technik. Unsere wichtigsten Werkzeuge waren Schaufeln, was unserem Enthusiasmus keinen Abbruch tat. Wer sich bei uns vor der Arbeit drückte, wurde schnell zum Außenseiter. Alkohol spielte auch hier eine Rolle, vor allem, um mit kleinen Bestechungen eigene Ziele zu erreichen. Für manche Arbeiten brauchte man eben einen Traktor, den wir nur auf diese Weise beschaffen konnten. Während des ersten Einsatzes erlebte ich einen gigantischen Waldbrand, den wir ebenfalls mit Schaufeln zu Leibe rücken wollten. Gegen diese Naturgewalt waren wir allerdings machtlos. Im darauffolgenden Jahr war ich beim Bau eines Wasserkraftwerkes eingesetzt. Tag und Nacht wurde gebaut, bis an die Grenze des physisch Leistbaren. Für die unzähligen Geschichten, die es von den Einsätzen in Sibirien zu erzählen gäbe, ist hier leider kein Platz. Es herrschten teilweise raue Sitten, aber auch eine durch die Umstände geprägte urwüchsige Kameradschaft. Was ich damit meine, kann vielleicht eine Episode deutlich machen. Die Brigade war eine Männergesellschaft, es waren aber auch einige junge Frauen mitgefahren, die meist in der Küche arbeiteten. Einmal hatten sich zwei meiner Jungs in das gleiche Mädchen verguckt, ohne dass sie voneinander wussten. Sie hatte beiden schöne Augen gemacht und sich mit ihnen getroffen. Als die Jungs dies erfuhren, verabredeten sie sich, um das Problem mit einem Faustkampf zu lösen. Der Schmächtigere gewann. Er war, was niemand wusste, Moskauer Meister im Fliegengewicht. Trotzdem gab es kein böses Blut, im Gegenteil, der Streit galt als geklärt. Das Mädchen gab übrigens beiden den Laufpass.

Arbeit macht das Leben süß

Nach der Verteidigung der Diplomarbeiten brachen wir, Nils, Reinhard und ich, Ende Februar 1977 unsere Zelte in Sofia ab. Es ging heimwärts, zu den Eltern. Die Ferien waren allerdings von kurzer Dauer, denn Anfang April sollten wir uns bei unserer zukünftigen Arbeitsstelle melden. Wir brauchten eine solche nicht zu suchen, sie wurde uns zugeteilt. Mich erwartete der Außenhandelsbetrieb Heim-Electric, der, wie fast alle Außenhandelsbetriebe der DDR, in Berlin ansässig war. Heim-Electric vertrat zu dieser Zeit sieben Kombinate der Elektroindustrie. Kombinate waren Zusammenschlüsse von Betrieben, die man, zumindest von der Größe her, mit Konzernen vergleichen kann. Sie waren in den siebziger Jahren zur dominierenden Organisationsform der Wirtschaft geworden. Vorausgegangen war eine Welle von Verstaatlichungen, die die Mehrzahl der noch existierenden privaten Betriebe, aber auch halbstaatliche Unternehmen und größere Genossenschaften erfasst hatte. Die Kombinate, wie auch alle anderen Betriebe, durften nur unter Vermittlung von Außenhandelsbetrieben (AHB) Verträge mit ausländischen Partnern abschließen. Ich sollte meinen Weg im Leuchtenkontor von Heim-Electric beginnen. Das meinte nicht, dass dort nur große Leuchten ihres Fachs arbeiteten, es wurden vielmehr Wohnraumleuchten sowie Büro-, Industrie- und Straßenleuchten verkauft. Das erste, was ich lernte, war, dass die Dinger, die an der Decke baumeln, Leuchten sind und nicht etwa Lampen. Lampen sind die Lichtspender, landläufig Glühbirnen genannt.

Von den Kollegen wurde ich freundlich aufgenommen. Dass es auch Vorbehalte gab, da ich ihnen auf höhere Weisung aufs Auge gedrückt worden war, wurde mir erst später bewusst. In der Anfangszeit assistierte ich einer erfahrenen Kollegin, die den Export in die BRD verantwortete. Ich musste schnell feststellen, dass ich von Tuten und Blasen keine Ahnung hatte. Der Umgang mit den Kunden, vor allem das Verhandeln der Preise, waren mir fremd. Trotzdem wurde ich nach wenigen Wochen ins kalte Wasser geworfen, man könnte auch sagen, man hat mich auflaufen lassen. Anlass war ein Verkaufsgespräch mit dem Einkäufer vom Quelle-Versand, das unser Generaldirektor mit der Chefin des Quelle-Konzerns anlässlich eines Messebesuchs vereinbart hatte. Meine Kauffrau war krank und ich sollte sie in den Verhandlungen vertreten. Damit war ich völlig überfordert. Mir ist bis heute nicht klar, was mein Chef mit dieser Aktion bezweckte. Wollte er mir meine Grenzen zeigen? Die Kollegen aus dem Leipziger Exportkontor retteten die Situation. Dieses Exportkontor war nicht Teil des Außenhandels, es war eine Gründung der Herstellerbetriebe. Zu unseren Lieferanten gehörten mehrere kleine und mittlere Betriebe aus dem Süden der DDR, wo die Produktion von Wohnraumleuchten eine lange Tradition besaß. Zur Koordinierung ihrer Arbeit hatten sie dieses Exportkontor gegründet, das im Handelshaus in Leipzig ansässig war. Während der Messen, die zweimal im Jahr stattfanden, teilten wir uns die Büros und die Arbeit. Die Messen wurden von den Kunden zur Ausmusterung, das heißt zur Festlegung des Sortiments für die nächste Saison genutzt. Man brauchte für jeden Kunden mehrere Stunden, um die Spezifizierung abzuschließen. Ohne die Leipziger Kollegen hätten wir diese Aufgabe nicht bewältigen können. Dort arbeiteten also erfahrene Kaufleute, die die Verhandlungen führen konnten. Ich saß daneben und staunte, obwohl mindestens die Preisverhandlungen meine Sache hätten sein sollen. Mein Versagen hatte jedoch keine Konsequenzen, weil allen, außer mir, vorher klar gewesen war, dass Resultate nicht zu erwarten seien. Es war nicht der erste Versuch, beim verantwortlichen Quelle-Einkäufer einen Fuß in die Tür zu bekommen.

Nicht nur der Start ins Berufsleben gestaltete sich holprig, schwierig war es auch, eine passende Bleibe zu finden. Für die erste Zeit nahm mich eine Kollegin auf, die mir ihr kleines Gästezimmer zur Verfügung stellte. Nach einigen Wochen wurde mir ein Platz in einem Wohnheim angeboten. Dieses Wohnheim war eine alte Villa in Berlin-Wendenschloss, unweit vom Langen See. Zu meiner Freude traf ich dort ehemalige Mitstreiter aus Sofia wieder, die auch nach einem Jahr noch keine Wohnung gefunden hatten. Gemeinsam genossen wir den Frühling und den Sommer. Das galt vor allem für die Wochenenden, denn die Samstage waren seit 1967 arbeitsfrei. Diese Regelung hatte für uns bislang kaum eine Rolle gespielt, da sie weder für Schüler noch für Studenten galt. Das lange Wochenende sehnten wir auch deshalb herbei, weil unter der Woche wenig Zeit blieb, die wunderbare Umgebung des Wohnheims zu genießen. Allein der Arbeitsweg nahm jeweils mehr als eine Stunde in Anspruch. Arbeitsbeginn war 7.15 Uhr, wollte ich pünktlich sein, musste ich kurz vor sechs das Haus verlassen. Um 7.15 Uhr ging mein Chef durch die Abteilung und gab jedem die Hand. Wer noch nicht am Platz war, durfte nach Ankunft bei ihm vorstellig werden, was, wie man sich denken kann, nicht angenehm war. Arbeitsschluss war 16.30 Uhr. Danach fanden häufig Versammlungen oder andere Veranstaltungen statt, so dass ich oft erst nach 19.00 Uhr im Wohnheim aufschlug. Mit dem Ende des Sommers, den kürzer und grauer werdenden Tagen, wurde der lange Arbeitsweg immer belastender. Hinzu kam, dass die Freunde aus Studententagen nach und nach auszogen, weil sie endlich ausbaufähige Wohnungen gefunden hatten.

Im Wohnheim teilte ich mir mit Lothar ein Zimmer. Er hatte in Moskau studiert und war, wie ich, ein ruhiger Typ. Wir wurden Freunde, eine Freundschaft, die sich immer wieder in gegenseitiger Hilfe bewährte. Die erste Bewährungsprobe ließ nicht lange auf sich warten, denn man drängte uns, die Wohnungssuche zu forcieren. Dieses Unterfangen war ernüchternd, um nicht zu sagen, ein Alptraum. Das Gros des Wohnungsbestands war in kommunaler Verwaltung. Da die AHB mehrheitlich in Berlin-Mitte ansässig waren, mussten wir uns mit unserem Anliegen an die dortige Verwaltung wenden. Als Absolventen, die auf Weisung in Berlin tätig waren, hatten wir zwar einen vorrangigen Status bei der Wohnungsvergabe, aber was hieß das schon. Nach einiger Zeit und wiederholter Nachfrage erhielt ich zwei Angebote für Besichtigungen. Die erste Wohnung bestand aus einem „Berliner Zimmer", einem langen Flur und einer kleinen Küche. Die Toilette war über den Hof zu erreichen. Das Zimmer war relativ groß, aber dunkel, denn das einzige Fenster befand sich in einer Ecke des Raumes. Es lugte ebenerdig in den Hof und konnte kaum Licht einfangen. Die zweite Besichtigung brachte mich in eine große

Wohnung, in der mehrere Parteien lebten, die sich Bad und Küche teilten. Eine Wohngemeinschaft, die jedoch aus Familien beziehungsweise Paaren bestand, die einander kaum kannten. Dort hätte ich ein Zimmer beziehen können, was mir nach mehr als sechs Jahren Wohnheim unzumutbar erschien. Die Bearbeiterin in der Wohnungsverwaltung war nicht erfreut, dass ich beide Behausungen ablehnte. Nach kurzem Überlegen winkte sie jedoch mit einem Zettel und verkündete, sie habe gerade eine Wohnung hereinbekommen, die bestimmt die richtige für mich sei. Die Vormieterin, eine alte Dame, war gestorben.

Ich war gespannt, was mich erwarten würde. Schockieren würde mich nichts mehr, meinte ich. Die Wohnung befand sich im Hinterhaus einer typischen Berliner Mietskaserne, wie sie am Ende des 19. Jahrhunderts gebaut worden waren. Unweit des Hauses stand ein Denkmal für Heinrich Zille, der in dieser Gegend Milieustudien betrieben hatte. Ich stieg drei Treppen hinauf und stand vor der Wohnungstür. Sie führte direkt in die Küche, auf eine Kochmaschine zu. Links daneben war ein eiserner Ausguss, das heißt, der Wasseranschluss. Noch weiter links verblieb etwas Platz, wo eine Schlafliege Platz haben konnte. Das Fenster zeigte zum Innenhof, der auf der einen Seite durch eine Mauer und auf der anderen Seite durch Remisen, die als Garagen genutzt wurden, begrenzt war. Rechts von der Kochmaschine gelangte man durch eine Tür in einen zweiten Raum. Er war nicht größer als die Küche, aber mit einem schmalen Kachelofen ausgerüstet. Vom Fenster dieses Zimmers hatte man einen guten Blick auf die Höfe der angrenzenden Häuser. Im Sommer, wenn alle ihre Fenster öffneten, konnte man dort das pralle Leben beobachten, abwechslungsreicher als jedes Fernsehprogramm. Bitterer Ehestreit gehörte genauso dazu wie die lustvolle Aussöhnung danach. Der Clou der Wohnung war jedoch die Toilette. Sie befand sich im Treppenhaus, jeweils eine für mehrere Parteien. Die Toilette war nicht eingebaut, sie stand in einem Schrank auf dem Treppenabsatz. Wollte man sie benutzen, musste man die Tür offenlassen, denn diese schloss aus Platzgründen mit dem Beckenrand ab. Man konnte also von der Wohnungstür aus sehen, ob sie besetzt war. Das Toilettenbecken war aus Gusseisen und rund. Dafür gab es schon lange keine Brillen mehr, ein anderes Becken hätte jedoch nicht in den Schrank gepasst.

Ich fühlte mich in der Zwickmühle. Eigentlich fand ich auch diese Wohnung unzumutbar, aber sie war immerhin hell und ich hatte sie für mich allein. Außerdem grauste es mich, der Dame in der Wohnungsverwaltung noch einmal mit einer Ablehnung unter die Augen zu treten, hatte sie mir doch mehr als deutlich zu verstehen gegeben, welch großes Glück ich mit dieser Wohnung hätte. Kurz und gut, ich habe die Wohnung genommen. Der Ausbau war ein Kraftakt. Die Kochmaschine und der Kachelofen mussten raus, da sie kaum mehr funktionstüchtig waren. Ein kleiner Dauerbrandofen sollte die Heizungsfunktion für beide Räume übernehmen. Der hatte, wie sich herausstellte, seine Tücken. Heizte ich morgens ein, war es abends, wenn ich nach Hause kam, wieder kalt. Heizte ich abends, dauerte es Stunden, bis genügend Wärme entstand. Meist habe ich das Heizen ganz gelassen, auch weil ich die Kohlen aus dem Keller, einem halb verfallenen Gewölbe, raufschleppen musste. Dann half nur eins, warm anziehen und beizeiten ins Bett gehen, am besten mit einer wie auch immer gebauten Wärmflasche. Die niedrigste Raumtemperatur zeigte mein Thermometer mit vier Grad Celsius an, plus versteht sich.

Mit den Öfen waren die Umbauarbeiten aber längst nicht abgeschlossen. Es mussten neue Fenster eingebaut, die elektrischen Leitungen unter Putz gelegt und der Ausguss durch ein Waschbecken mit Boiler ersetzt werden. Da es sich um eine Ausbauwohnung handelte, wurden die Materialien und Ausrüstungen von der Verwaltung bezahlt. Sogar eine elektrische Duschkabine wurde mir spendiert. Für ein solches Extra musste man der Verwalterin allerdings hartnäckig auf die Nerven fallen. Die Duschkabine fand in der Küche Platz, was nicht unbedingt zur Gemütlichkeit beitrug. Außerdem musste man sie stundenlang anheizen, bevor sie benutzt werden konnte. Bäder waren beim Bau der Mietskasernen nicht vorgesehen gewesen. Für eine gründliche Körperwäsche stand ansonsten nur das Stadtbad, das Wannenbäder anbot, zur Verfügung.

Für die Zeit des Ausbaus brauchte ich keine Miete zahlen. Ich hätte die damit verbundenen Arbeiten allerdings nicht ohne die Hilfe meines Vaters bewältigen können. Mit seinem Einsatz bei der Sanierung der Wohnung war verziehen, dass er mir während des Studiums nicht ein einziges Mal geschrieben hatte. Die Einrichtung der Wohnung war ebenfalls ein Problem, nicht nur wegen des beschränkten Platzes, sondern auch, weil mein Einstiegsgehalt alles andere als üppig war. Ich durfte mein Jugendzimmer und manchen Hausrat aus Jüterbog mitnehmen. Mein Vater ließ Sitzelemente bauen, die zentimetergenau die Stellfläche des kleinen Zimmers ausnutzten. Trotzdem fehlte vieles, nicht zuletzt berufsgerechte Kleidung. Das heißt, ich brauchte Anzüge, Hemden, Krawatten, Schuhe und ähnliches. Ein Haushaltsbuch, in dem ich alle Ausgaben bis auf den Pfennig verzeichnete, half mir, die zur Verfügung stehenden Finanzen von etwas über 600 Mark im Griff zu behalten. Ein erheblicher Posten waren Beiträge. Allein für die SED waren drei Prozent vom Bruttoeinkommen zu entrichten, eine Summe, die ungefähr meinen Mietkosten entsprach.

Ein Lichtblick hinsichtlich der Wohnung waren die Nachbarn, die mit mir auf der Etage wohnten. Der Mann war etwas älter als ich und Ofensetzer, seine Frau arbeitete als Schwimmmeisterin in einem Hallenbad. Bei den Handwerkern war es üblich, nach der Arbeit noch das eine oder andere Bier zu nehmen. Kneipen gab es an jeder Ecke. Das Bier war preiswert, was dazu beitrug, dass die Kneipen zu Kieztreffpunkten wurden. In einer dieser Kneipen lernte ich eine Eigentümlichkeit kennen, die es in Jüterbog nicht gegeben hatte. Das kleine Glas Bier kostete am Tisch serviert 51 Pfennige, am Tresen ausgeschenkt nur 45 Pfennige, was dazu führte, dass selbiger immer umlagert war. Mein Nachbar ließ sich manchmal Bier in einen Krug zapfen, um es nach Hause mitzunehmen. Seine Frau sollte nicht allein sein, wenn sie die Kinder versorgte. Sonntags war Frühschoppen angesagt, zu dem ich ab und an mitging. Das Publikum war gemischt, der Ton mitunter rau. Mein Ofensetzer nahm mich unter seine Fittiche, so dass ich vor verbalen Angriffen sicher war und sogar am Würfelspiel der Stammgäste teilnehmen durfte. Es wurde nicht um Geld, sondern um die nächste Lage gespielt. Da konnte ein Frühschoppen schon mal intensiv werden, mit dem Resultat, dass ich den Rest des Sonntags im Bett verbrachte.

Walli, geboren 1953, erzählt

Ich wurde in einem Dorf an der Grenze zum Eichsfeld geboren. Wenn ich darüber nachdenke, was die ersten Schuljahre prägte, fallen mir zwei Dinge ein. Die Grundschule hatte sich in meinem Heimatort, das heißt, in einem evangelischen Umfeld, befunden. Die nachfolgende Zentralschule war zwar nicht weit entfernt, aber sie lag im streng katholischen Eichsfeld. Es schienen unsichtbare Schranken zu bestehen, die die Schüler und Familien beider Konfessionen voneinander trennten. Das andere, was meine Schulzeit prägte, war der Umstand, dass ich viele Angebote der Schule nicht wahrnehmen konnte, weil meine Eltern die Arbeitskraft von uns Kindern brauchten. Sie waren Obstbauern und Landwirte, hatten Pferde, Kühe, Schafe und Hühner, aber keine Technik. Die Arbeit hörte nicht auf, auch in den Ferien nicht.

Mit dem Abitur und dem Studium eröffneten sich mir neue Möglichkeiten. Meine Eltern waren vielleicht nicht froh darüber, dass ich wegging, sie legten mir aber keine Steine in den Weg. In der Abiturklasse verliebte ich mich. Obwohl wir das Studium weitab voneinander absolvierten, hatte unsere Beziehung Bestand. Wir heirateten und wurden beide in Berlin eingesetzt. Unsere erste Unterkunft war ein Wohnheim, was nicht verhinderte, dass sich bald Nachwuchs ankündigte. Hochschwanger wurde ich bei der Wohnungsverwaltung vorstellig. Die Wohnung, die man uns nach etlichen Nachfragen anbot, war im Scheunenviertel gelegen und eigentlich unzumutbar. Wir mussten Berge von Müll, die im Hof und im Keller lagerten, beseitigen, um der Rattenplage Herr zu werden. Für den Einbau eines Bads waren Wände zu versetzen, darüber hinaus mussten die undichten Fenster ersetzt und die Elektroleitungen erneuert werden. Außerdem wurden neue Öfen gebraucht. Das Material für den Ausbau holten wir größtenteils aus Thüringen heran, wo meine Familie bei der

Beschaffung half. Da ich die Kleine zu versorgen hatte, musste mein Mann, der „nebenbei" im Zentralrat der FDJ arbeitete, den größten Teil der Bauarbeiten schultern.

Die Grundausstattung für das Baby, wie Stubenwagen, Laufgitter und Kinderbett, aber auch Wäsche und Baumwollwindeln erhielten wir aus der Familie und von Freunden. Solche Dinge wurden von einem zum anderen weitergegeben. Ich brauchte allein fünf bis sechs Windeln pro Tag, die gereinigt und in einem Topf ausgekocht werden mussten. Die erste Babynahrung bestand aus Milasan, einem Milchpulver, das noch heute verkauft wird. Später nahm ich Kartoffeln, Möhren, Kohlrabi oder Erbsen, um einen Brei zu kochen. Trotz allem war ich beinahe jeden Tag auf der Baustelle. Eine unserer ersten Anschaffungen dort war ein Fernseher, damit unsere Kleine, die mit auf den Bau musste, etwas Ablenkung hatte. Nach einem halben Jahr packten wir unsere Sachen und bezogen die Wohnung, obwohl noch längst nicht alle Arbeiten abgeschlossen waren. Die Wohnung war gewiss nicht perfekt, aber es war unser erstes gemeinsames Zuhause mit zwei Zimmern und einem halbhohen Raum über dem Torbogen, der unsere Kuschelecke wurde.

Nach der Geburt unserer zweiten Tochter war die Wohnung endgültig zu klein. Mein Mann erhielt über den Zentralrat die Zuweisung für eine Dreiraum-Neubauwohnung am Stadtrand. Die Lage im Grünen hatte einiges für sich, doch für vier Personen war auch diese Wohnung nicht groß genug. Man machte uns den Vorschlag, die bisherige Wohnung und die Neubauwohnung zum Tausch gegen eine größere Wohnung anzubieten. Wir konnten einige schöne Wohnungen besichtigen und waren voller Optimismus, als unangekündigt ein Ehepaar vor unserer Tür stand, das unsere Wohnung in Augenschein nehmen wollte. Sie hatten eine Zuweisung. Es stellte sich heraus, dass das Paar eine Eingabe an den Staatsrat gerichtet hatte. Eingaben mussten schnell bearbeitet und möglichst zu einem positiven Abschluss gebracht werden, zumal, wenn sie, wie hier, an den Staatsrat, das heißt an Erich Honecker, gerichtet waren. Da unsere Wohnung bereits als „frei" gemeldet worden war, sollten wir sie kurzfristig räumen. Wir mussten wohl oder übel in die kleine Neubauwohnung ziehen. Das Ehepaar, das unsere alte Wohnung beansprucht hatte, fand übrigens eine bessere Alternative.

Im Betrieb ergaben sich für mich ebenfalls Veränderungen, denn ich erhielt mit dem Export nach Übersee ein eigenes Aufgabengebiet. Wohnraumleuchten nach Übersee zu verschiffen, war jedoch wenig attraktiv, da bei einem solchen Geschäft mehr Luft und Verpackung transportiert werden als alles andere. Am ehesten konnten Lichtleisten, das heißt die Armaturen für Leuchtstofflampen, in entfernte Länder verkauft werden und das auch nur, weil seit einiger Zeit der Containertransport üblich geworden war. Eine Fracht via Hamburg nach Übersee auf den Weg zu bringen, war allerdings ein Abenteuer, da viele Bedingungen in engen Terminen erfüllt werden mussten. Computer oder gar Internet gab es noch nicht, zur Kommunikation mit den Kunden war man auf das Telefon angewiesen. Telefonieren nach Übersee hatte ebenfalls seine Tücken, denn man musste Zeitunterschiede beachten, eine Telefonvermittlung in Anspruch nehmen und in Englisch kommunizieren. Mein Englisch war auf Schulniveau stehen geblieben, weshalb ich die ohnehin knappe Freizeit nun mit Sprachkursen füllen durfte. Zu allem Überfluss konnte man Abreden am Telefon im Streitfall nicht beweisen. Die gängige Alternative war der Fernschreiber, der ähnlich einer Schreibmaschine bedient wurde, wobei Empfänger und Absender ein Endlosband mit fortlaufendem Text erhielten. Selbst Taschenrechner waren selten, lediglich einige Dienstreisende, die sich einen aus dem Westen mitgebracht hatten, konnten auf einen solchen zurückgreifen. Für alle anderen standen mechanische Rechenmaschinen, Rubelmühlen genannt, zur Verfügung. Sie wurden mit einer Kurbel in Bewegung gesetzt. Der Bezug zum Rubel rührte daher, dass der größte Teil des Außenhandels der DDR mit der Sowjetunion, also in Rubel, abgewickelt wurde.

Heim-Electric war in einem großen Neubau am Alexanderplatz untergebracht. Das Haus war, wie damals international üblich, in Großräume aufgeteilt. In unserem Großraum saßen fünf Abteilungen, die man mit Hilfe von Raumteilern voneinander abgegrenzt hatte. Innerhalb der Abteilungen waren die Sitzgruppen von Pflanzenkästen umrahmt. Der Geräuschpegel war trotzdem enorm, denn jeder hatte ein Telefon, das pausenlos benutzt wurde, um mit Kunden oder Lieferanten zu sprechen. In den Büros wurde geraucht, was ich mir heute kaum noch vorzustellen vermag. Der Vorteil dieses großen Hauses waren die Serviceeinrichtungen, die es bot. Ein Allgemeinmediziner und ein Zahnarzt gaben Sprechstunden, auch ein Friseur und ein Café boten ihre Dienste an. Die Nutzung dieser Angebote sollte außerhalb Arbeitszeit, zum Beispiel in den Pausen, erfolgen; auch eine Arbeitszeitverlagerung war möglich. Für die Mitarbeiter des Hauses, es mögen insgesamt mehrere tausend gewesen sein, war außerdem eine Betriebsgaststätte errichtet worden. Heute lädt ein bayrisches Brauhaus in unseren „Fresswürfel" ein. Das Essen war sicher keine kulinarische Offenbarung, doch es nötigte Bewunderung ab, wie reibungslos die gewaltige Anzahl an Portionen, bei mehreren Wahlessen und vielen zusätzlichen Angeboten, bewältigt wurde.

Das Überseegeschäft blieb trotz meiner Bemühungen eine Randerscheinung und hätte kaum meinen Arbeitsplatz gerechtfertigt. Zu meinen Aufgaben gehörte aber auch der Reexport, der sich gut entwickelte. Im Hamburger Freihafen hatten sich einige der dort ansässigen Unternehmen auf dieses Geschäft spezialisiert. Sie nutzten ihre umfangreichen Erfahrungen bei der Abwicklung von Seetransporten und boten anderen Exporteuren ihre Dienste an. Diese brauchten nur in den Freihafen zu liefern, alles andere übernahmen die Reexporteure. Die Lieferung in den Freihafen hatte zudem den Vorteil, dass diese Geschäfte nicht Teil des „innerdeutschen" Handels wurden. Zwischen der BRD und DDR bestand ein Abkommen, das festlegte, wie Käufe und Verkäufe miteinander zu verrechnen seien. Da der Handel selten ausgeglichen war, wurde ein Kreditrahmen, der „Swing", verabredet, den die DDR oft bis zum Anschlag in Anspruch nehmen musste. Die Einnahmen aus dem Reexport gingen nicht in diesen Saldo ein, sie standen der DDR mithin als freie Währungseinnahmen zur Verfügung.

Heim-Electric hatte sich exklusiv an eine der Reexport-Firmen gebunden. Mit dem Ansprechpartner in dieser Firma verstand ich mich gut. Er war nur wenige Jahre älter als ich und aufgeschlossen. Wir verbrachten manche Stunde zusammen mit Gesprächen über Gott und die Welt, auch außerhalb des Büros. In diesem Zusammenhang fällt mir eine Begebenheit ein, die die Atmosphäre unserer Treffen verdeutlichen kann. Er war wieder einmal in Berlin und lud mich zum Abendessen ein. Wir sollten Einladungen nur zu zweit wahrnehmen, doch meiner Kollegin war etwas dazwischengekommen. Mein Kunde wollte nicht in ein Hotelrestaurant gehen, die kannte er zur Genüge. Er fragte mich, wo ich mit Freunden den Abend verbringen würde. Zu dieser Zeit ging ich gern ins Nikolaiviertel in die Historischen Weinstuben, wo viele der Gäste Studenten und die Preise moderat waren. Wir aßen zu Abend und leerten im Laufe der Stunden zwei Flaschen Wein. Als die Rechnung kam, und alles in allem nur etwas über dreißig Mark zu Buche standen, bat er die Kellnerin, sie möge eine „1" vor den Betrag setzen, sonst würde sein Chef die Rechnung nicht als Geschäftsessen akzeptieren. Sie folgte der Bitte anstandslos. Als er tatsächlich den ausgewiesenen Betrag plus Trinkgeld bezahlte, war sie sprachlos. Wahrscheinlich wäre sie ihm am liebsten um den Hals gefallen, jedenfalls stammelte sie etwas von neuen Schuhen, die sie kaufen wolle.

Von meinen Freunden aus der Studentenzeit war auch Achim bei Heim-Electric gelandet. Bei meiner Ankunft war er bereits ein Jahr im Unternehmen tätig. Man hatte ihm die hauptamtliche Leitung der FDJ-Organisation des Betriebs angetragen beziehungsweise aufgehalst. Ich glaube, er hätte sich lieber erste Sporen im Beruf verdient. Auf der Suche nach verlässlichen Mitstreitern kam ich ihm gerade recht. Er bat mich, die politische Bildung, das heißt das FDJ-Studienjahr, zu übernehmen. Ich wollte mich nicht drücken und sagte zu. Zu meinen „Freizeitaktivitäten" gehörte außerdem eine Sanitätsausbildung. Mein damaliger Abteilungsleiter war gleichzeitig Chef des betrieblichen Sanitätszuges, so dass es auch hier kein Entrinnen gab. Der Sanitätszug trainierte einmal im Monat, sonnabends. Wir sollten lernen, im Katastrophenfall, insbesondere im Falle eines Krieges, erste Hilfe zu leisten. Höhepunkt der Ausbildung war die jährliche Übung, bei der wir trainierten, „Verletzte", die sich aus realistisch geschminkten Studenten rekrutierten, zu versorgen. Dabei konnte es passieren, dass man Verletzte mit schauerlichen Wunden, zum Beispiel jemanden, dem ein Pfahl aus dem Laib ragte, behandeln sollte. Bei der Bergung aus Häuserruinen hatten wir von anderen Einheiten Hilfe. Der unangenehmste Teil des Tages war erreicht, wenn wir unter Vollschutz einschließlich Gasmaske, unser Handwerk verrichten sollten. Der angenehmste Teil war die Vesper danach, denn zur Ausrüstung der Einheit gehörte eine Gulaschkanone. Wer schon einmal mehrere Stunden „janz weit draußen" bei nasskaltem Wetter ein anstrengendes Tagwerk vollbracht hat, wird nachvollziehen können, welch himmlischer Genuss eine warme Erbsensuppe sein kann. Ich will nicht verhehlen, dass die Mitarbeit im Sanitätszug auch einen Vorteil hatte, denn als Sanitäter hatte man seinen Teil in puncto Wehrbereitschaft und Katastrophenschutz geleistet und wurde nicht für die Kampfgruppe geworben. Die Kampfgruppen der Betriebe waren militärisch organisiert und mit Waffen ausgerüstet. Sie sollten im Ernstfall Aufgaben der Objektsicherung übernehmen.

Günter, geboren 1949, erzählt

Mein Vater, geboren und aufgewachsen in Ostpreußen, war seit 1939 im Krieg und danach in sowjetischer Gefangenschaft gewesen. Aus Russland zurückgekehrt, wurde er bei einer Bauernfamilie in Thüringen einquartiert. In der ersten Zeit versuchte er vor allem, seine Familie zu finden, die durch den Krieg auseinandergerissen worden war. Offensichtlich war das aber nicht sein einziges Begehr, denn 1949 kam ich zur Welt. Meine Mutter war in dieser Zeit bei einem Friseurmeister in Stellung. 1955 wurde ich eingeschult. Schreiben lernte ich, wie damals üblich, auf einer kleinen Schiefertafel, die später durch Bleistift und Papier ersetzt wurde. Da es in der Nachkriegszeit an fast allem fehlte, wurden Bleistifte, die zu einem Stummel geschrumpft waren, in eine Verlängerung gesteckt, um noch den letzten Rest verwerten zu können. In der achten Klasse erhielt ich die

Jugendweihe. Im Rahmen der Jugendstunden besuchten wir unter anderem eine Gerichtsverhandlung. Ich erinnere mich daran, weil der verhandelte Fall höchst ungewöhnlich war. Der Angeklagte arbeitete in einem Schlachtbetrieb, wo er versucht hatte, ein Schwein zu stehlen. Er hatte das tote Schwein in den Beiwagen seines Motorrads gesetzt und ihm zur Tarnung einen Sturzhelm und eine Motorradbrille verpasst. Mit dem derart verkleideten Schwein gedachte er an der Wache vorbeizukommen. Der merkwürdige Beifahrer weckte den Argwohn des Wachpersonals und der Fall landete schließlich vor Gericht. Ich weiß nicht, welche Strafe der Mann erhielt, aber das Gelächter der Leute war ihm gewiss.

Nach der achten Klasse begann ich im Mansfelder Land eine Lehre als Bergmann. Mein Betrieb delegierte mich nach Abschluss der Lehre an die ABF Freiberg, wo ich das Abitur ablegen und dann an der Bergakademie studieren sollte. In den drei Jahren an der ABF wurde mir klar, dass es neben dem Bergbau auch andere Dinge gibt, die zu entdecken, sich lohnen würde. Mich zog es nach Berlin, wo ich 1970 ein Studium der Soziologie begann. In die Zeit des Studiums fielen die Weltfestspiele der Jugend und Studenten, zu denen ich, wie fast alle Studenten, im Einsatz war. Eine meiner Aufgaben bestand darin, zur Eröffnungsfeier das Schild der Luxemburger Delegation ins Stadion zu tragen. Wir wurden mit großem Hallo begrüßt, was weniger an der kleinen Truppe lag, der ich voranschritt, als vielmehr daran, dass Radio Luxemburg bei jungen Leuten sehr beliebt war. Nach dem Studium sollte ich in die soziologische Forschung gehen, was mich nicht sonderlich reizte, da die erarbeiteten Studien meist als „geheim" eingestuft in Panzerschränken verschwanden. Da erfuhr ich, dass der im AHB Heim-Electric neu eingesetzte Generaldirektor einen persönlichen Referenten suchte. Meine erste Aufgabe bestand darin, eine Festrede auszuarbeiten. Sie wurde für meinen Chef, und damit auch für mich, ein gelungener Einstand.

Die Zeit im Außenhandel prägte mein Leben in mehrfacher Hinsicht. Privat war es die Frau, die ich kennenlernte. Wir haben geheiratet und einen Sohn großgezogen. Im Unternehmen wurde ich nach und nach mit *unterschiedlichen Aufgaben betraut bis ich schließlich zum Direktor eines Exportkontors avancierte. Die dort gesammelten Erfahrungen halfen mir, nach der Wende als selbständiger Kaufmann zu bestehen. Ein konstantes Element der Zeit im Außenhandel war die Mitwirkung in der Kampfgruppe. Man sprach mich gleich zu Beginn darauf an, da in einem Betrieb mit einem Frauenanteil von 80 Prozent jeder junge Mann sehnlichst erwartet wurde. Der Außenhandel stellte ein Bataillon, zu dem die Betriebe einen festgelegten Teil beizutragen hatten. Einmal im Monat, am Wochenende, wurde der Gebrauch und die Pflege der Waffen geübt. Zum Bataillon gehörten schwere Waffen, wie Flugabwehrkanonen. Alle zwei Jahre fanden Übungen mit scharfer Munition statt, zu denen wir den Abschuss von Fliegern und Hubschraubern trainierten. Die Ausbildung in der Kampfgruppe kostete viel Zeit und Kraft, sie schien aber angesichts der Bedrohung durch die NATO erforderlich zu sein. Es ist gut, dass wir nie zum Einsatz kamen, auch nicht als sich 1989 die innenpolitische Lage zuspitzte.*

Die ersten Jahre bei Heim-Electric waren für mich mit vielen Erlebnissen und Eindrücken vollgepackt, aber auch mit einem permanenten Erfolgsdruck. Der daraus resultierende Stress blieb nicht ohne Folgen. Irgendwann holte mich mein Rücken aus dem Rennen und erzwang eine Pause. Der Arzt mutmaßte, es sei ein Bandscheibenvorfall. Da außer dem Röntgen noch keine bildgebenden Verfahren zur Verfügung standen, blieb es bei einer Annahme. Mein Rücken macht sich bis heute immer wieder bemerkbar, vor allem dann, wenn ich in puncto Sport nachlässig werde. So hat jedes Malheur auch eine gute Seite, man muss sie nur finden. Die Rückenschmerzen bewahrten mich allerdings nicht vor der Einberufung zum Wehrdienst. Ich wurde zur Ausbildung nach Drögerheide beordert. Der Name des Ortes kann durchaus als Omen verstanden werden, denn außer dröger Heide und ebensolcher Armee gab es dort wenig Erwähnenswertes. Unsere Kompanie bestand ausschließlich aus Hochschulabsolventen, die aus unterschiedlichen Gründen noch keinen Wehrdienst geleistet hatten. Wir sollten in drei Monaten im Rahmen einer Grundausbildung fitgemacht werden. Die Unteroffiziere wussten nicht so recht, wie sie mit uns „Studierten" umgehen sollten, eine Unsicherheit, die sie hinter einem rüden Umgangston verbargen. Nach anfänglichen Spielchen, wie dem wiederholten Ein- und Ausräumen der Spinte, fanden wir jedoch zu einem halbwegs gesitteten Umgang miteinander. Die Ausbilder wollten gut dastehen, das heißt, wir sollten bei Übungen gute Bewertungen einfahren, wir wollten, so weit wie möglich, in Ruhe gelassen werden. Der Ausgleich dieser Interessen funktionierte mit der Zeit immer besser.

Eines Tages fragte der Politoffizier bei uns an, ob jemand einen Vortrag zu einem interessanten Thema halten könnte. Ich bot an, über aktuelle Entwicklungen im Außenhandel zu sprechen. Mein Vorschlag stieß auf Interesse, wohl auch, weil die Devisenknappheit der DDR, das heißt, die nicht ausreichenden Einnahmen an westlichen Währungen, zu einem Dauerthema geworden war. Dieses Problem hatte unter anderem dazu geführt, dass einige unserer Spitzensportler als Werbeträger für Westprodukte, also für den „Klassenfeind", auftraten, ohne dass die Öffentlichkeit über das „Wie und Warum" informiert worden wäre. Offensichtlich sprach es sich herum, dass mein Vortrag interessant sei, jedenfalls wurde ich von Versammlung zu Versammlung herumgereicht. Meine anfängliche Hoffnung, ich würde mir auf diese Weise die eine oder andere Ausbildungseinheit ersparen, erwies sich jedoch als trügerisch. Die Veranstaltungen fanden regelmäßig außerhalb der Dienstzeit statt, zu einer Zeit also, als die anderen auf der faulen Haut lagen. Gesamt gesehen bestärkten mich die in Drögerheide gemachten Erfahrungen in der Überzeugung, dass ich nicht fürs Militär geboren bin. Wenn ich mir die wenigen Fotos aus dieser Zeit ansehe, kann ich kaum glauben, dass ich dieser Kasper in Uniform sein soll.

Während meiner ersten Jahre in Berlin stand noch eine andere Ausbildung auf dem Programm: die Fahrschule. Auf der einen Seite war der Verkehr auf den Straßen noch relativ entspannt, zumindest an heutigen Maßstäben gemessen, auf der anderen Seite wurde man als Fahrschüler nicht wie heute als Kunde behandelt. Die Fahrlehrer fühlten sich eher als kleine Könige, die mit ihren Untergebenen, den Schülern, nach Gutdünken umgingen. Nach einigen Wochen wurde die Fahrprüfung angesetzt. Der Prüfer bescheinigte mir, dass ich unmöglich gefahren und mit meiner übertriebenen Vorsicht zum Verkehrshindernis geworden sei. Da er mir keinen Fehler ankreiden konnte, musste er mir trotzdem ein „bestanden" zugestehen. Was nutzt eine Fahrerlaubnis, wenn man kein Auto hat? Ich hatte mich zwar nach dem Studium für den Bezug eines PKW angemeldet, aber die Wartezeiten waren unendlich lang. Da erfuhr mein Vater, dass unser Nachbar, ein Tierarzt, seinen alten „Wartburg" verkaufen wollte, weil er ein neues Auto erwartete. Ich hatte zehntausend Mark von meinem Opa geerbt, die ich für den Kauf dieses bereits in die Jahre gekommenen Wagens einsetzte. Das Auto nutzte ich vor allem für Besuche bei meinen Eltern, aber auch, um in den Urlaub zu fahren. Im Winter war ich mit Freunden mehrmals im Vogtland, wo der Betrieb meines Vaters ein Ferienhaus besaß, das ich, wenn es nicht anderweitig vergeben war, für kleines Entgelt mieten konnte. Im Sommer waren wir das eine oder andere Mal an der Ostsee. Wenn wir auf dem Campingplatz nicht unterkamen, musste der Parkplatz genügen, bis sich eine andere Lösung anbot. An der Ostseeküste war das Nacktbaden zur Selbstverständlichkeit geworden. Ob mit oder ohne Kleidung, jeder bewegte sich nach seiner Fasson. In dieser Frage hatte eine Toleranz Raum gegriffen, die es so nicht mehr gibt. Dafür gibt es heute Hundestrände.

Reisen hatte für mich immer eine besondere Bedeutung, es war der Hauptgrund für meine Berufswahl gewesen. Beruflich hatte sich in dieser Frage nichts bewegt, also nutzte ich die privat vorhandenen Möglichkeiten. Meine erste Reise führte mich, welche Überraschung, nach Bulgarien. Ich wollte Lothar Land und Leute näherbringen, hatte aber wohl auch „Heimweh". Im Jahr darauf begleitete uns mein Cousin Andreas. Diesmal wollten wir nicht in Privatquartieren oder Hotels übernachten, wir hatten vielmehr Zelte, Luftmatratzen sowie ein Kochgeschirr und einige Konserven im Gepäck. Schon der Beginn der Reise war abenteuerlich. Wie im Jahr zuvor wollten wir den Zug nehmen, eine Idee, die auch andere hatten. Es erwies sich als schwierig, überhaupt in den Zug hineinzukommen. In der Pufferzone zweier Waggons fanden wir für uns und die Rucksäcke Platz. Sollte dies für zwei Tage unser Domizil werden? In Prag stieg ein Teil der Reisenden aus und wir konnten uns im Gang des Waggons ausbreiten, sogar ein kleines Nickerchen halten. Wenn man wirklich müde ist, stört es nicht, dass andere über einen hinwegsteigen. Als wir an der bulgarischen Grenze den Zug verließen, war es nach Mitternacht. Wir schafften es nur bis zum Bahnhofsvorplatz, um dort unsere Zelte aufzuschlagen. Am Morgen, der Tag war schon fortgeschritten, tobte das Leben um uns herum. Von den Passanten wurden wir staunend, mitunter auch misstrauisch, beäugt. Das focht uns nicht an. Unser Vorhaben, per Anhalter zu reisen, erwies sich jedoch als nicht durchführbar, meist mussten Züge oder Busse unser Fortkommen sichern. Wir schafften es trotzdem, das Land zu durchqueren, wir sahen die Berge und das Meer, meist weitab vom Massentourismus.

Eines der vielen kleinen Abenteuer dieser Reise will ich erzählen. Wir waren in Velingrad, einer kleinen Stadt, die für ihre Thermal-Quellen bekannt ist. Den Besuch eines der Bäder wollten wir uns nicht entgehen lassen. Das Thermal-Wasser war so heiß, dass man nur in Tippelschritten in das Becken steigen konnte. Nach dem Bad übergoss man sich mit kaltem Wasser, um sich auf diese Weise abzukühlen. Die Prozedur war entspannend, aber auch anstrengend, vor allem machte sie durstig. Was lag näher, als die nächste Gaststätte aufzusuchen? Nachdem wir gegessen hatten, gönnten wir uns einen Mastika. Der Mastika, die Griechen sagen Ouzo zu diesem Getränk, wurde eiskalt in Weingläsern serviert. Aus Erfahrung wusste ich, dass das Zeug süffig aber auch gefährlich ist. Nach zwei Gläsern strich ich die Segel und machte mich auf den Weg zum Zeltplatz. Die beiden anderen wollten bleiben. Sie kamen, auf welche Weise auch immer, mit den Bulgaren ins Gespräch, wobei sie weitere Gläser leerten. Als es ans Bezahlen ging, konnten sie sich mit den Bulgaren nicht einigen, wer bestellt hatte und nun bezahlen sollte. Die beiden suchten fluchtartig das Weite. Am nächsten Morgen fand ich Lothar in seinem Zelt. Er war nur wenig aussagefähig, was die Ereignisse des vorangegangenen Abends betraf. Plötzlich schaute er auf seinen Arm, an dem eine abgeranzte Uhr baumelte. Es dämmerte ihm, dass er seine Uhr, die ein Geschenk seines Vaters gewesen war, gegen dieses Exemplar eingetauscht hatte. Wutentbrannt entsorgte er die unliebsame Erinnerung in den nächstgelegenen Papierkorb. Doch, wo war Andreas? Andreas hatte es ebenfalls zu einem Zeltplatz geschafft, es war nur nicht unserer. Dort war er im Schatten eines fremden Zeltes aufgewacht. Im Laufe des Nachmittags kam er, immer noch nicht ganz nüchtern, bei uns an. Wir brachen schnell auf, wer weiß, welche Untaten uns sonst eingeholt hätten.

Nach fast drei Jahren im Betrieb sollte die Zeit gekommen sein, mich auch beruflich auf Reisen zu schicken, meinte ich. Man erwartete von mir, dass ich den Export in die Entwicklungsländer steigere, wofür Besuche dieser Länder unerlässlich waren. Dem stand entgegen, dass ich kein „Reisekader" war, das heißt, mir fehlten die höheren Weihen, die zu solchen Reisen berechtigten. Für diese Weihen musste mein Vorgesetzter einen Antrag stellen. Nach einigen Wochen kam der Bescheid: eine Ablehnung. Begründungen wurden nicht gegeben. Über den Flurfunk erfuhr ich, dass ich im Alter von Ende zwanzig und unverheiratet ein Risiko darstellen würde, für das niemand den Kopf hinhalten wollte. Mit „Risiko" war gemeint, dass ich hätte versucht sein können, von einer Reise in den Westen nicht in die DDR zurückzukehren. Da eine Heirat nicht ins Haus stand, nicht einmal in Sichtweite war, musste ich Geschäftsreisen wohl in den Wind schreiben. Das hatte wiederum zur Folge, dass ich nicht in der Lage sein würde, meinen Arbeitsplatz auszufüllen. Nach einigem Hadern mit der Situation bat ich meine neue Chefin, mir bei der Suche nach einer anderen Aufgabe behilflich zu sein. Sie setzte sich für mich ein und ich konnte als Gruppenleiter in die Abteilung Planung/Analyse, heute würde man Controlling sagen, wechseln. Fast gleichzeitig wurde mir die Mitarbeit in der zentralen Parteileitung des Unternehmens angetragen. Was sollte das? Einerseits hatte man nicht genug Vertrauen, mich auf Reisen gehen zu lassen, andererseits sollte ich eine derart verantwortungsvolle Aufgabe übernehmen. Das passte nicht zusammen. Trotz stieg in mir hoch. Mit dem Kopf durch die Wand zu wollen, entspricht jedoch nicht meinem Naturell. Bald überwog die Neugier darauf, was mich im Rahmen der neuen Aufgaben erwarten würde.

Hahn im Korb

Viele Frauen erwarteten mich. Ob sie allerdings wirklich auf mich gewartet haben, sei dahingestellt. Ich wurde ihnen, die meist über langjährige berufliche Erfahrung verfügten, vor die Nase gesetzt. Heute kann ich nur staunen, mit welcher Unbekümmertheit ich die Aufgabe anging. Vielleicht war es Naivität, vielleicht auch jugendliche Arroganz, dass ich diese konfliktträchtige Konstellation ohne Selbstzweifel annahm. Nach einiger Zeit glätteten sich die anfänglichen Wogen und die neue Arbeit begann, Spaß zu machen. Wahrscheinlich ist „Spaß" nicht das richtige Wort, es bereitete mir Genugtuung, mich mit den neuen, anspruchsvollen Aufgaben zu beweisen. Meist waren es Aufträge des Generaldirektors, die unsere kleine Gruppe, fast immer unter Zeitdruck, zu erledigen hatte. Für die Analysen waren Informationen aus allen sieben Geschäftsbereichen zusammenzutragen. Die Beschaffung der Informationen glich meist einem Dauerlauf durch das Unternehmen, weil per Telefon selten jemand für mich Zeit hatte. Ich musste persönlich auf der Matte stehen, um den Auftrag erfüllen zu können. Das war nervig, zumal die Verpflichtung zur Bereitstellung der Informationen eigentlich klar geregelt war. Man darf allerdings nicht vergessen, dass die Bereichsleiter, die ich behelligen musste, erfahrene Geschäftsleute waren, die nicht selten einen Milliardenumsatz zu verantworten hatten. Aus ihrer Sicht stahl ich ihnen wertvolle Zeit. Eine Ausnahme ist mir im Gedächtnis geblieben. Unser Generaldirektor hatte eine Vorlage beim Minister für Elektrotechnik/Elektronik zur Verbesserung der Effektivität des Exports einzureichen. Da mein Abteilungsleiter im Urlaub war, fiel mir die Aufgabe zu, entsprechende Ideen zusammenzutragen. Ich hatte mich schon darauf eingestellt, wieder als Bittsteller auf Tour zu gehen, doch dieses Mal war es anders. Die Bereichsleiter warteten schon auf mich und ich bekam jede Unterstützung, ohne lange Drängeln zu müssen. Lag das an meinem neuen Anzug?

Hansi, geboren 1958, erzählt

Geboren wurde ich in einer Kleinstadt im heutigen Land Brandenburg, wo ich auch zur Schule ging. Nach dem Studium verschlug es mich zum AHB Heim-Electric, richtiger gesagt, ich wurde dorthin beordert, weil der Generaldirektor einen persönlichen Referenten suchte. Zu meinen Aufgaben gehörte, neben vielen organisatorischen Dingen, die Vorbereitung der Dienstberatungen und die Überwachung der Beschlussumsetzung. Mit anderen Worten, ich sollte die Bereichsleiter kontrollieren, die im Gegensatz zu mir erfahrene Geschäftsleute waren. Mein Chef schärfte mir ein, dass ich mit meinem Auftreten klarmachen muss, dass durch meinen Mund der Generaldirektor spricht. Das war leichter gesagt, als getan, immerhin konnte ich mich auf seine Rückendeckung verlassen. Seine Erfahrung und die aus ihr resultierende souveräne Ausstrahlung verschafften ihm allenthalben Autorität und Respekt. Die Parteileitung sah ihn als Partner an, der ihre Unterstützung hatte, der aber auch offen für Kritik war. Ein solches Verständnis von Zusammenarbeit herrschte nicht überall. Ich erinnere mich, dass mein Chef eines Tages kurzfristig zum Wirtschaftssekretär in die Führungszentrale der SED beordert wurde, wo die Generaldirektoren der Kombinate und AHB versammelt waren. Sie mussten sich dort wie Schuljungen abkanzeln lassen, weil die Ziele, die die Partei gestellt hatte, nicht erreicht worden waren. Ich habe meinen Chef nie wieder so aufgebracht gesehen, wie nach dieser unwürdigen Veranstaltung.

Heute würde ich sagen, dass die Jahre als persönlicher Referent sehr wichtig für meinen weiteren beruflichen Weg waren, damals war ich jedoch nach einiger Zeit unzufrieden, weil ich noch keine Erfahrungen als

Außenhändler hatte sammeln können. Mit etwas Hartnäckigkeit gelang mir der Sprung in die Praxis, wo ich nach einiger Zeit Gruppenleiter in einem Exportkontor wurde. In diesem Zusammenhang wurde ich auch Reisekader, was ich, da ich nicht verheiratet war, wahrscheinlich der Fürsprache „meines" Generaldirektors zu verdanken hatte.

Für die Arbeit zur Planung und Analyse waren Unmengen von Daten zu erheben, zu verarbeiten und auszuwerten. Grundlage dafür war die Datenerfassung, die in den Export- und Importkontoren sowie in der Buchhaltung erfolgte. Mit jedem Vertrag war ein umfänglicher Datenerfassungsbeleg auszufüllen, der als Grundlage für die Eingabe in einen Großrechner diente. Die Rechner waren tatsächlich groß; sie füllten ganze Räume, die mit einer Klimaanlage ausgerüstet sein mussten. Die von den Maschinen aufbereiteten Daten wurden uns in Form von meterlangen Listen auf den Tisch gelegt. Die Listen, die schnell die Schränke füllten, waren die Grundlage unserer Analysen. Für erforderliche Berechnungen standen elektronische Tischrechner bereit, die mit Röhrendioden arbeiteten und entsprechend voluminös daherkamen. Mit ihren geschätzten 60 x 60 x 10 Zentimetern füllten sie einen beträchtlichen Teil des Schreibtisches aus, obwohl sie nur die vier Grundrechenarten beherrschten. Nach einiger Zeit erhielt ich mit einigen Mitstreitern im Rahmen des Wettbewerbs „Messe der Meister von morgen" die Aufgabe, ein EDV-Projekt zu erarbeiten, mit dessen Hilfe die vorhandenen Daten detaillierter aufbereitet werden sollten. Die Arbeit an diesem Projekt half mir, Möglichkeiten und Grenzen der elektronischen Datenverarbeitung besser zu verstehen. Ich bin mir allerdings nicht sicher, ob die Chefs, die unsere Vorschläge beurteilten, diese nachvollziehen konnten, zumal viele von ihnen der EDV distanziert gegenüberstanden.

Die Zahlen rechnerisch zu analysieren, war das eine, das andere war die Frage, wie die Ergebnisse zu bewerten seien. Für die Bewertung der in den Zahlen verborgenen Probleme waren wir wiederum auf das Wissen der Praktiker in den Bereichen angewiesen. Da unsere Ausarbeitungen in der Regel Gegenstand von Beratungen werden sollten, mussten sie in eine ordentliche Form gebracht und vervielfältigt werden. Für die Form sorgte unsere Sekretärin, die sich ihrer Bedeutung durchaus bewusst war. Für die Vervielfältigung stand ein Thermokopierer zur Verfügung. Das Gerät hatte seine Tücken. Es wurde schnell heiß, was zur Folge hatte, dass die Kopien kaum mehr lesbar waren. Sie waren zudem nicht für die Archivierung geeignet, da die Schrift nach und nach verblasste. Für größere Aufträge bot der Servicebereich des Hauses das Kopieren mit Hilfe eines Xerox-Nasskopierers an. Das verwendete Papier war mit Chemikalien durchtränkt und vergleichsweise schwer. Da nicht nur die Technik, sondern auch das Material im Westen eingekauft werden mussten, war deren Verwendung streng reglementiert.

Nicht nur der Inhalt der Arbeit war ein anderer als im Exportkontor, neu war auch, dass ich als Gruppenleiter Verantwortung für „meine" Mitarbeiterinnen trug. Ich sollte sie anleiten, kontrollieren und zu gegebener Zeit ihre Arbeit und ihr Auftreten beurteilen. In der Anfangszeit war das nicht unproblematisch, denn ich musste einerseits Autorität beweisen und durfte andererseits die Kolleginnen nicht derart verärgern, dass sie sich einen anderen Chef suchen würden. Letzteres war deutlich einfacher, als eine neue Mitarbeiterin zu finden. In der Parteileitung hatte ich mit ähnlichen Anfangsschwierigkeiten zu kämpfen. Man hatte mir das Aufgabegebiet Agitation und Propaganda übertragen, mithin die Organisation der politischen Bildung im Rahmen des Parteilehrjahrs und die Erarbeitung von Argumentationshilfen zu tagespolitischen Fragen. Dieses Gebiet war mir nicht völlig fremd, da ich in der FDJ mit ähnlichen Aufgaben betraut worden war. Allerdings waren auch hier die Kollegen respektive Genossen, mit denen ich zusammenarbeiten beziehungsweise die ich anleiten sollte, meist älter und erfahrener als ich.

Auf den Sitzungen der Parteileitung wurden viele Fragen, das Unternehmen betreffend, behandelt. Wirtschaftliche Aufgabenstellungen und Probleme der Planerfüllung gehörten genauso dazu wie soziale und politische Fragen, soweit sie das Unternehmen betrafen. Zum Stand der Planerfüllung erstattete der Generaldirektor Bericht, sie lag in seiner

Verantwortung, bei Personalentscheidungen hatte die Parteileitung ein Mitspracherecht. Ein anderer wichtiger Punkt der Sitzungen war die Zusammenarbeit mit der Gewerkschaft, der FDJ und den anderen gesellschaftlichen Organisationen. In diesem Zusammenhang fällt mir unsere Veteranen-Gruppe ein, die von der Gewerkschaft betreut wurde. Dort konnten alle, die aus Altersgründen ausgeschieden waren, teilnehmen. In Zusammenkünften wurden sie über die Entwicklung des Unternehmens auf dem Laufenden gehalten, darüber hinaus wurden gesellige Treffen und andere Freizeitangebote organisiert.

Heim-Electric war mit mehr als 800 Mitarbeitern einer der größten Außenhandelsbetriebe der DDR, weshalb der Parteisekretär, der Gewerkschaftschef und der FDJ-Sekretär hauptamtlich tätig waren. Sie waren gleichzeitig Teil des Unternehmens und für jeden erreichbar. Mitunter wandten sich auch Parteilose an die Parteileitung, wenn sie sich ungerecht behandelt fühlten und an anderer Stelle mit ihrem Anliegen nicht weitergekommen waren. Auf der anderen Seite kam es vor, dass sich die Parteileitung in private Angelegenheiten von Mitgliedern einschaltete, insbesondere dann, wenn sie eine Leitungsfunktion bekleideten. Eine anstehende Scheidung konnte durchaus Gegenstand eines Gesprächs beim Parteisekretär werden. Ich erinnere mich, dass Achim, der mich in die FDJ-Leitung geholt hatte, das Unternehmen und damit den ihm vorgezeichneten Weg aus persönlichen Gründen verlassen wollte. Sein Entschluss war Thema einer Leitungssitzung, weil sein Weggang nicht dem gängigen Verständnis von Parteidisziplin entsprach, welches davon ausging, dass ein Genosse die ihm übertragene Aufgabe ohne „wenn und aber" erfüllt.

Die Arbeit und die gesellschaftlichen Verpflichtungen beanspruchten einen großen Teil meiner Zeit, trotzdem fehlte mir Abwechslung. Hatten vorher Kundengespräche und Dienstreisen für Unterbrechungen im Arbeitsalltag gesorgt, so war ich jetzt im großen Haus am Alexanderplatz wie festgenagelt. Selbst die Messen, die zweimal im Jahr für Wirbel gesorgt hatten, fanden nun ohne mich statt. Deshalb habe ich nicht lange überlegt, als man mich bat, bei der Organisation und Leitung des Betriebsferienlagers mitzuwirken. Im ersten Jahr sollte ich als Stellvertreter des Lagerleiters Erfahrungen sammeln, um im darauffolgenden Jahr selbst einen Durchgang von drei Wochen zu leiten. Lagerleiter zu sein, war nicht ohne. Ich habe selten so wenig geschlafen. Denn es waren fast dreihundert Kinder zu bespaßen und im Zaum zu halten. Die Mannschaft, die mir zur Seite stand, bestand aus rund achtzig Erwachsenen. Dazu zählte das Küchenpersonal genauso wie eine Ärztin, Rettungsschwimmer und diverse Betreuer, meist Studenten oder Lehrlinge aus unserem Betrieb. Den Spruch „Kleine Kinder - kleine Sorgen, große Kinder respektive junge Erwachsene - große Probleme, hätte ich nach dieser Zeit ohne zu zögern unterschrieben. Zu den amüsanteren Aufgaben des Lagerleiters gehörte, sich zum Neptunfest einfangen und taufen zu lassen, natürlich nicht ohne kräftige Gegenwehr. Einige Tage nach Beendigung des Ferienlagers lief mir im Betrieb einer der Knirpse mit seiner Mutter über den Weg. Er zeigte freudestrahlend auf mich, um seiner Mutter zu sagen, dass ich sein Lagerleiter gewesen sei. Ich will nicht verhehlen, dass es mich stolz machte, Eindruck hinterlassen zu haben.

Für Aufregung sorgte auch ein völlig anders geartetes Ereignis. An einem Sonntagabend, ich war gerade von einem Besuch bei meinen Eltern zurückgekehrt, klingelte es an der Wohnungstür. Ich öffnete. Vor mir standen eine Frau und ein Mann, die mich musterten. Sie seien von der Kriminalpolizei, wurde mir beschieden, und wo ich herkomme, wollten sie wissen. Ich war irritiert. Immerhin ließen sie sich zu der Erklärung hinreißen, dass im Vorderhaus ein Verbrechen geschehen sei, weshalb sie nun alle Bewohner über eventuelle Beobachtungen befragen müssten. Da ich das Wochenende über in Jüterbog gewesen war, konnte ich keine Angaben machen. Meine Antwort schien ihnen trotzdem zu genügen, denn sie gingen ihrer Wege. Erst später erfuhr ich, was geschehen war. In der Parterrewohnung im Vorderhaus hatte ein Mann mittleren Alters gelebt, der in einem Theater gearbeitet hatte und dessen sexuelle Neigung Männern zugewandt war. An dem bewussten Tag hatte er jemanden mitgenommen, um mit ihm die Nacht zu verbringen. Dieser jemand war jedoch weniger auf Zuneigung denn auf Geld bedacht gewesen. Das Missverständnis eskalierte. Der Lover fesselte sein Opfer und bedrohte ihn mit einem Messer. Bei der Drohung blieb es nicht, irgendwann stach er zu. So wurde erzählt. Eine offizielle Information über das Geschehen erhielten wir nicht, lediglich die Nachricht, dass der Täter gefasst worden sei, wurde nachgereicht. Damit war der Fall abgeschlossen, die Polizei gab die Wohnung frei.

Eine freie Wohnung im Vorderhaus? Das brachte meinen Nachbarn auf eine Idee. Seine Familie war größer geworden, zwei Kinder waren hinzugekommen, so dass die Enge seiner Wohnung bedrückend wurde. Eine größere Wohnung zu finden, war jedoch schwierig. Für ein solches Unterfangen brauchte man Zeit, Nerven und eine gewisse Hartnäckigkeit. Nun hatte die „Fügung" eine Wohnung im Vorderhaus freiwerden lassen. Seine Idee war, dass ich diese Wohnung übernehmen könnte. Er würde dann meine Wohnung zu seiner hinzunehmen und beiden wäre geholfen. Dass die Wohnung Schauplatz eines Verbrechens gewesen war, sähe man ihr schließlich nicht an. Ich ging auf seinen Vorschlag ein, ebenso die Verwaltung, die wahrscheinlich froh, das Problem mit der kinderreichen Familie gelöst zu haben. Durch den Umzug ins Vorderhaus verbesserte ich mich tatsächlich, denn die Wohnung hatte eine Innentoilette sowie ein Bad mit Badewanne und achtzig Liter Elektroboiler. Sie war außerdem größer als die vorherige, zwar nicht von der Anzahl der Räume her, aber hinsichtlich der Wohnfläche, so dass ich sie nach meinen Vorstellungen einrichten konnte, ohne allzu beengt zu sein. Nun fanden auch mehr als zwei Gäste gleichzeitig Platz, selbst die Übernachtung von Freunden wurde möglich. In der Wohnung gab es darüber hinaus einen Telefonanschluss, den ich übernehmen konnte. Telefonanschlüsse waren rar, weshalb sie vor allem aus dienstlichen Gründen vergeben wurden. Mein Anschluss war ein Doppelanschluss, das heißt, ich teilte ihn mir mit einer Frau im Hinterhaus. Wir hatten zwar unterschiedliche Rufnummern, konnten aber nicht gleichzeitig telefonieren. Für mich stellte das kein Problem dar, da nur wenige meiner Freunde ein Telefon ihr Eigen nannten.

An dieser Stelle würde ich gern einen Bericht meines Cousins Andreas einfügen, aber er lebt nicht mehr. Die folgenden Zeilen entspringen meinem Gedächtnis.

Andreas, geboren 1957

In der Schulzeit hatte ich zu Andreas, der einige Jahre jünger war, nur wenig Kontakt. Während ich als ruhiger, artiger Junge durchging, war Andreas eher der Typ Klassenclown. Seine Unangepasstheit brachte ihm viel Ärger ein. Vielleicht trug diese Gegensätzlichkeit dazu bei, dass wir später Freunde wurden; unsere gemeinsame Reise nach Bulgarien hatte sicher auch einen Anteil daran. Zum Zeitpunkt dieser Reise hatte Andreas gerade eine Berufsausbildung mit Abitur abgeschlossen. Die Anerkennung, die er dort fand, hatte ihm gutgetan. Er engagierte sich in der FDJ und war sogar für ein Studium vorgeschlagen worden. Bevor er das Studium beginnen konnte, sollte er den Wehrdienst absolvieren. Andreas wollte für drei Jahre zur See fahren, die Marine hatte aber nur einen Platz an Land für ihn. Die Eintönigkeit des Dienstes und die Unterordnung, die man von ihm erwartete, waren für einen widerborstigen Typen wie ihn der reine Horror. Immer wieder kochten Konflikte hoch, die letztlich dazu führten, dass sein Studienplatz gestrichen wurde. Er fand Arbeit auf dem Bau, wo er mit seiner Truppe Einfamilienhäuser errichtete. Sie verdienten gutes Geld, das Andreas mit vollen Händen wieder unter die Leute brachte. Wenn er mich besuchte, haben wir nächtelang geredet, mitunter auch gestritten, Musik gehört und manches Glas geleert.

Eines Tages traf Andreas in Jüterbog ein Mädchen, das seine große Liebe werden sollte. Nadja war bildschön, mit dunklem Teint. Ihr Vater stammte aus dem Sudan, hatte in der DDR Medizin studiert und dort auch ihre Mutter kennengelernt. Nach dem Studium war die Familie nach West-Berlin gezogen. Während eines Besuchs bei der Jüterboger Oma lernten sich Nadja und Andreas kennen. Er war sofort schockverliebt. Eines Abends standen beide vor meiner Tür. Sie hatten sich in Berlin verabredet, aber nicht daran gedacht, ein Quartier klarzumachen. Ich richtete ihnen einen Schlafplatz her. Ob sie in dieser Nacht tatsächlich geschlafen haben, weiß ich nicht. Andreas hielt bald nichts mehr, er wollte zu ihr nach West-Berlin. Mag sein, dass bei diesem Entschluss auch eine Rolle spielte, dass sein jüngerer Bruder diesen Weg bereits Jahre zuvor gegangen war. Bei einem Besuch in Ungarn hatte er versucht, die Grenze nach Österreich zu passieren. Er war gefasst und wegen versuchter Republikflucht verurteilt worden. Nach quälend langen Monaten der Haft wurde er abgeschoben. Andreas hatte es in dieser Hinsicht leichter, sein Ausreiseantrag wurde relativ schnell genehmigt. Mit seiner großen Liebe kam er dennoch nicht zusammen, nicht zuletzt, weil der Vater eigene Pläne hatte, was seine Tochter betraf.

Der Mord im Vorderhaus blieb nicht meine einzige Begegnung mit der Polizei. Ein anderes Erlebnis, über das ich berichten will, war zwar nicht derart schaurig, aber für mich keineswegs weniger aufregend. Eines Tages fand ich in meinem Briefkasten Post der Polizeidirektion Mitte. Ich solle mich „zwecks Klärung eines Sachverhalts" in der Keibelstraße einfinden. Mir rutschte das Herz in die Hose. Hatte ich mir etwas zuschulden kommen lassen? Eine solche Aufforderung konnte alles Mögliche bedeuten. Es half nichts, ich musste mich am angegebenen Ort zu vorgegebener Zeit einfinden. Als ich das Zimmer betrat, überraschte man mich mit der Nachricht, dass bei mir eingebrochen worden sei. Da ich etwas ungläubig dreinschaute, schickte mich der Ermittler nach Hause um nachzusehen, ob und was fehle. Tatsächlich fehlten 300 Westmark und ein goldener Ring, ein Erbstück. Das mit dem Westgeld brachte mich in Verlegenheit. Wie sollte ich dessen Besitz erklären, da ich im Außenhandel keine privaten Westkontakte haben durfte? Das Geld hatte ich von einer Freundin meiner Eltern, die in West-Berlin wohnte, erhalten. Meine Eltern hatten sich ab und an mit ihr in Berlin getroffen. Aus solchem Anlass machten wir einen gemeinsamen Stadtrundgang, manchmal besorgte ich Theaterkarten oder lud zum Kaffeetrinken ein. Als Dank erhielt ich etwas Geld, dass sich nach und nach ansammelte. Ich hatte es nicht ausgegeben, um bei eventuellen Notfällen auf eine Reserve zurückgreifen zu können. Nun saß ich in der Klemme. Es half nichts, ich musste dem Polizisten sagen, was ich vermisste. Zu meiner Erleichterung interessierte ihn nicht, woher das Westgeld stammte, er sagte nur, dass sich meine Angaben mit denen des Diebes decken würden. Da das Diebesgut nicht sichergestellt werden konnte, würde man mir das Westgeld eins zu eins in DDR-Mark erstatten. Das entsprach zwar nicht seinem tatsächlichen Wert, doch ich war froh, ohne weitere Probleme davongekommen zu sein. Ärgerlich blieb, dass ich das WGeld gehortet hatte, statt mir den einen oder anderen Wunsch zu erfüllen.

Einige Zeit später fand ich in der Berliner Illustrierten einen Bericht über eine Einbruchserie. Ein derartiger Zeitungsbericht war für die DDR ungewöhnlich, aber das war der Fall ja auch. Man hatte einen Einbrecher gefasst, so stand zu lesen, der ein umfassendes Geständnis ablegt hatte. Er konnte genau angeben, aus welcher Wohnung er was entwendete. Die meisten Betroffenen hatten, ebenso wie ich, die Einbrüche nicht bemerkt, auch weil die Wohnungstüren nicht sonderlich gesichert waren. Kaum jemand besaß Reichtümer, die es zu schützen galt. Das Diebesgut war zwar nicht gefunden worden, aber einige böse Missverständnisse konnten ausgeräumt werden. In einer Familie hatte es zum Beispiel Streit gegeben, weil Geld verschwunden war und sich die Eheleute gegenseitig verdächtigten. Man kann sich vorstellen, wie das die Stimmung vergiftete. Dass ich zweimal, direkt oder indirekt, von Verbrechen betroffen war, sehe ich als Zufall an, denn Kriminalität spielte nicht nur in den Zeitungen, sondern auch im Alltag kaum eine Rolle.

Anfangs war in der neuen Wohnung alles seinen gewohnten Gang gegangen, Veränderungen schlichen sich erst nach und nach ein. Die Kontakte zu meinen ehemaligen Nachbarn wurden seltener, die Frühschoppen in der Eckkneipe fanden nun ohne mich statt. Neue Freundschaften, die meist im Betrieb ihren Ausgangspunkt hatten, kamen hinzu. Darüber hinaus war ich oft mit Lothar unterwegs, der ebenfalls noch ledig war. Wir sind in Rock- und Jazz-Konzerte aber auch ins Theater gegangen. Unter den Konzerten, die wir besuchten, ist mir jenes von Solomon Burke in besonderer Erinnerung geblieben. Bis dahin hatte ich Schwarzen Blues nie live erlebt, dieses Konzert war jedoch grandios, die Stimmung war riesig. Blues wurde fortan zu einem festen Bestandteil meiner Plattensammlung. Einmal ergatterten wir Karten für das Festival des politischen Liedes, was ähnlich schwierig war, wie Karten für Konzerte angesagter DDR-Bands zu erhalten, von Karten für Konzerte westlicher Künstler ganz zu schweigen. Ab und an fand ich auch jemanden, der mit mir zu klassischen Konzerten ging; und ich entdeckte die Liebe zur Oper, speziell zu den Wagner- Inszenierungen der Staatsoper, für mich. Zugute kam mir, dass die Karten preiswert waren, wenn man nicht unbedingt in der ersten Reihe Platz nehmen wollte. Ähnliches galt für Theaterkarten, aber auch für den Eintritt zu Sportveranstaltungen. Wir besuchten Boxkämpfe und waren zu Winterbahnrennen in der Werner-Seelenbinder-Halle. Bücher hatten ebenfalls einen festen Platz in meinem Leben. Über Lothar war ich auf Volker Braun aufmerksam geworden, dessen tiefgründige Lyrik mich beeindruckte. Walter Jens, einen Tübinger Rhetorik-Professor, habe ich selbst für mich entdeckt. Seine geschliffene Sprache und die Dialektik in seinem Denken begeisterten mich. Mit anderen Worten, ich hatte viele Interessen und war häufig unterwegs, nur die Familiengründung ließ auf sich warten, was vor allem meinen Eltern zu schaffen machte.

Meine Hoffnung, aus beruflichen Gründen in ferne Länder zu reisen, hatte sich, wie gesagt, zerschlagen. Das tat meiner Reiselust keinen Abbruch; ich nutzte die Möglichkeiten, die sich mir boten. Eine der Reisen führte mich nach Sotschi, wo ich an einem Hubschrauberflug über den Kaukasus teilnahm und eine Teeplantage in Georgien besuchte. Der Badeurlaub selbst war für mich eher langweilig, da unsere Gruppe nur aus Paaren bestand, die für sich bleiben wollten. Diese Erfahrung im Hinterkopf wendete ich mich für die nächste Reise an „Jugendtourist". Sie führte mich nach Rumänien, genauer nach Siebenbürgen. Höhepunkt der Reise war ein

Ausflug ins Naturschutzgebiet des Donaudeltas. Da die Gruppe fast ausschließlich aus alleinstehenden jungen Leuten bestand, kam Langeweile nicht auf. Theoretisch wäre mit Jugendtourist auch eine Reise nach Cuba möglich gewesen, für die jedoch ein für mich undurchsichtiges Auswahlverfahren zu durchlaufen gewesen wäre.

Beruf, gesellschaftliches Engagement, Freunde und Freizeit bestimmten mein Leben, doch, was hatte sich in dem, was man Alltag nennt, verändert? Die größte Errungenschaft, die meine Wohnung betraf, war eine Gasaußenwandheizung, mit der ich einen der Räume bequemer als mit dem Kachelofen beheizen konnte. Insgesamt hatte der forcierte Wohnungsbau zu einer leichten Entspannung im Wohnungssektor geführt. Zunehmend wurde auch in den Innenstädten gebaut, die Altbauten verharrten allerdings weiterhin in einem beklagenswerten Zustand. Überall sah man noch Kriegsschäden, wie Einschusslöcher in den Fassaden oder Lücken dort, wo einstmals Häuser gestanden hatten. An dem entstehenden Eindruck konnten einzelne sanierte Vorzeigeprojekte kaum etwas ändern. Unweit meiner Wohnung hatte eine Kaufhalle, heute würde man Supermarkt sagen, eröffnet. Mit ihr wurde das Einkaufen bequemer. Dass nicht immer alles angeboten wurde, was man gerade brauchte, war für mich kein großes Problem. Zum einen hatte ich niemanden zu versorgen, zum anderen konnte ich am Wochenende zu meinen Eltern fahren, bei denen ich mich mit Obst und Gemüse aus dem Garten eindeckte. Überschüsse wurden eingekocht, eingelegt oder anderweitig haltbar gemacht, so dass ich das ganze Jahr über in der einen oder anderen Form versorgt war.

Neben den Kaufhallen waren in den Städten Delikat-Läden eröffnet worden. Dort wurden Lebens- und Genussmittel, vielfach aus Importen, zu gehobenen Preisen angeboten. Die Preise für Lebensmittel waren ansonsten sehr günstig, auch weil sie seit den sechziger Jahren nicht verändert worden waren. Wenn ich mich richtig erinnere, kostete ein Brötchen fünf Pfennige, ein Dreipfundbrot 78 Pfennige. Habe ich Brötchen gesagt? Welch ein Fauxpas! Frisch in Berlin angekommen, erhielt ich beim

Bäcker eine Kostprobe typischen Berliner Charmes. Ich bat um drei Brötchen. „Ham wa nich", wurde mir beschieden. „Bei uns jib's nur Schrippen." Zu den besonderen Einkaufserlebnissen gehörte auch der Fischpavillon in der Ackerhalle, einer ausgebauten Markthalle aus der Gründerzeit. Dort wurde jeder Wartende mit einem mehr oder weniger deftigen Spruch begrüßt. Das sorgte für eine aufgelockerte Stimmung und ließ die Wartezeit schnell vergehen, nur allzu zart besaitet durfte man nicht sein.

Die künstlich niedrig gehaltenen Preise für Lebensmittel und andere Dinge des täglichen Bedarfs, aber auch für Mieten, Tarife und Kulturangebote galten als wichtiger Teil der Sozialpolitik. Essen, Wohnung, Kleidung und Kultur sollten für jeden erschwinglich sein. Darüber hinaus waren die medizinische Betreuung und die Bildungsangebote weitgehend kostenlos. Die staatlichen Eingriffe in die Preisgestaltung hatten aber auch Nachteile, sie führten mitunter zu kuriosen Situationen. Manch Kaninchenzüchter verfütterte zum Beispiel lieber billiges Brot, anstatt teures Tierfutter zu kaufen. Um das Angebot an Frischwaren zu verbessern, kaufte der Handel Produkte von Kleingärtnern und Züchtern auf. Die Aufkaufpreise waren oft höher als die Verkaufspreise im Laden, so dass mancher seine Eier, äh, die Eier, die seine Hühner gelegt hatten, auf dem Hof an das Geschäft verkaufte, um dann vorn im Laden billigere zu erstehen und nach Hause zu tragen. Am gravierendsten war jedoch der sich entwickelnde Kaufkraftüberhang, mit anderen Worten, es war mehr Geld im Umlauf, als Waren bereitgestellt werden konnten. Normalerweise wird ein derartiges Ungleichgewicht durch Preissteigerungen ausgeglichen, was wegen der politisch gewollten Preisbindung nicht möglich war. Die Eröffnung der Delikat-Läden mit ihren gehobenen Preisen war ein Versuch, wenigstens einen Teil der überschüssigen Kaufkraft abzuschöpfen.

Ähnliches gilt für die Exquisit-Geschäfte, die ebenfalls in vielen Städten eröffneten. Dort wurde hochwertige Kleidung angeboten, unter anderem Modelle, die man für den Export in westliche Länder entwickelt hatte. Preiswerte Kleidung war in den staatlichen oder genossenschaftlichen

Läden erhältlich, wer jedoch etwas Besonderes suchte, wurde dort selten fündig. Das Exquisit bot eine Alternative, vorausgesetzt man hatte das nötige Kleingeld dafür. Das Bestreben, das Angebot auf diese Weise zu bereichern und Kaufkraft abzuschöpfen, brachte wiederum einige Merkwürdigkeiten hervor. Man konnte zum Beispiel zeitweise einige PKW-Modelle oder Fernsehtechnik aus westlicher Produktion erwerben, allerdings zu Preisen, die nur wenige aufbringen konnten. Nach meiner Beobachtung waren es vor allem erfolgreiche Künstler, aber auch einige Handwerker und Gewerbetreibende, die über das dafür erforderliche Einkommen verfügten. Die Kehrseite der Medaille war, dass sich auf diese Weise soziale Unterschiede verstärkten beziehungsweise stärker sichtbar wurden, was mit dem Gleichheitsversprechen des Kommunismus eigentlich nicht vereinbar war. Die Intershops trugen ebenfalls zu dieser Entwicklung bei. Im Intershop wurden Importe aus westlichen Ländern aber auch DDR-Produkte, die ansonsten komplett in den Export gingen, gegen Westgeld verkauft. Eine andere Möglichkeit derartige Produkte zu erhalten, bot der Versandhandel Genex. Mit seiner Hilfe konnten Gutbetuchte aus dem Westen ihrer Verwandtschaft im Osten eine Freude bereiten. Zu den Nutznießern von Genex gehörten auch Künstler und andere, denen ein Teil ihrer im Ausland erzielten Einkommen in Westgeld gutgeschrieben wurde. Das Angebot von Genex umfasste neben Geschenkartikeln aller Art auch Unterhaltungstechnik, ja sogar PKW und Fertighäuser. Die Fertighäuser wurden in Teilen geliefert und vor Ort von Montageteams errichtet. Andreas war in einem solchen Team tätig gewesen.

Handwerker und Baumaterialien waren ansonsten, wie vieles andere auch, Mangelware. Dies führte dazu, dass man sich Vorräte von diesem und jenem anlegte. Diese Vorräte waren die Basis für die Entstehung eines grauen Marktes, auf dem man fast alles besorgen konnte, wenn man die richtigen Leute kannte. An dem Spruch: „Es gibt zwar nicht alles zu kaufen, aber die Leute haben alles" war ein Körnchen Wahrheit. Das Fehlen von Handwerkern begünstigte die Schwarzarbeit, aber auch die

Nachbarschaftshilfe. Hilfst du mir, helfe ich dir, war die Grundlage, auf der sich manche Freundschaft entwickelte. Einige entdeckten auf diese Weise handwerkliche Fähigkeiten an sich, die sie nicht nur zur Nachbarschaftshilfe, sondern auch für ein Nebeneinkommen nutzten.

Ich wohnte, wie gesagt, in Berlin-Mitte, wo die Berliner Mauer omnipräsent war. Würde man mich fragen, welche Rolle sie in meinem Leben spielte, dann würde ich trotzdem sagen, keine. Das wäre zwar nicht ganz richtig, denn meine Straße war nach 200 Metern in Richtung Norden versperrt. Wollte ich nach Potsdam fahren, musste ich auf dem Außenring die halbe Stadt umrunden. An einigen Ecken stieß man auf stillgelegte U-Bahnhöfe, die Fragen aufwarfen, die die Neugier auf das alte Verkehrsnetz der Stadt weckten. Neugier ist vielleicht das richtige Wort, um mein Interesse, was die Teilung der Stadt und ihre Folgen betraf, zu beschreiben. Da ich keine eigenen Erinnerungen an Berlin als Ganzes hatte, war die Situation, die ich bei meinem Zuzug vorfand, für mich „Normalität". Das galt selbst dann, wenn die Teilung der Stadt mir, meiner Familie oder Freunden Konflikte bescherte. Diese Konflikte schienen unvermeidlich, eine Änderung der Situation war nicht in Sicht.

Akademiker-Jahre

Eines Tages kam jemand mit der Frage zu mir, ob ich mir eine Aspirantur an der Akademie für Gesellschaftswissenschaften vorstellen könnte. Die Akademie war eine von der SED geführte und finanzierte Einrichtung. Sie sollte Analysen zur gesellschaftlichen Entwicklung liefern, Ideen für die Lösung aufgetretener Probleme erarbeiten und die Politik der SED in der Öffentlichkeit erläutern. Heute nennt man solche Einrichtungen „think-tank". Jedes Jahr wurden geschätzte fünfzig bis einhundert Aspiranten, verteilt auf die neun Institute der Akademie, aufgenommen. Die künftigen Absolventen waren vor allem für anspruchsvolle Aufgaben in der Partei vorgesehen, aus ihnen sollte sich aber auch der Nachwuchs für die Akademie rekrutieren. Um die Eignung der Kandidaten zu prüfen, fand ein vierzehntägiger Aufnahmelehrgang statt. Er beinhaltete Vorlesungen, die einen Einblick in die Arbeit der zur Akademie gehörenden Institute gaben, sowie Seminare. Die Mitarbeit in den Seminaren wurde bewertet, genauso wie die Belegarbeit, die über das Wochenende zu verfassen war. Diese zwei Wochen zählen zu den intensivsten meines Lebens. Ich stand die ganze Zeit unter Strom, da die Ausbildung in Gesellschaftswissenschaften während des Studiums in Bulgarien nicht sehr tiefgründig gewesen war. Die Mitbewerber verfügten in der Regel über bessere Vorkenntnisse, einige hatten sogar als Hochschullehrer in entsprechenden Fachrichtungen gearbeitet. Realistisch betrachtet, waren meine Chancen also gering, doch die wollte ich nutzen. Mich reizte die Aussicht, meinen Horizont zu erweitern und selbst wissenschaftlich tätig zu sein.

Zu meiner Überraschung wurde ich angenommen und dem Institut für Ökonomie und Politik sozialistischer Länder zugeteilt. Vielleicht hatte ich dadurch gepunktet, dass ich Erfahrungen aus der Wirtschaftspraxis in die Diskussionen einbringen konnte. Ein anderer hilfreicher Umstand war, dass am Institut, dem ich zugeteilt wurde, jemand fehlte, der Bulgarisch sprach. Bevor es losging, stand noch ein Personalgespräch beim Geldgeber an. Die Dame, die das Gespräch leitete, blätterte in meiner Akte. Was für eine Akte eigentlich? Sie fand eine Notiz, dass zwei meiner Cousins in den Westen gegangen waren. Nach einem kurzen Zögern hörte ich den Kommentar: „Bei uns gibt es keine Sippenhaft." Ich wusste nicht recht, was ich von diesem Satz halten sollte. Klar war dagegen die Ansage, dass ich keinen Kontakt zu den Cousins haben dürfe, was mich nicht schockierte, da es im Außenhandel nicht anders gewesen war.

An unserem Institut waren zirka fünfzig Mitarbeiter in drei Forschungsbereichen tätig. Ich wurde dem Bereich, der sich mit vergleichender Länderforschung befasste, zugeordnet. Dort waren wir drei Neuankömmlinge. Jeder erhielt einen persönlichen Betreuer. Meine Betreuerin war eine Dozentin mit dem Länderschwerpunkt Ungarn. Während meine beiden Mitstreiter im Internat untergebracht waren, wohnte ich, als Berliner, daheim. Wir erhielten 80 % des letzten Netto-

Gehalts als Stipendium. Das relativ hohe Stipendium war erforderlich, da die meisten bereits eine Familie zu versorgen hatten. Die Aspirantur war auf vier Jahre angelegt und sollte mit der Verteidigung einer Doktorarbeit abschließen. Die beiden ersten Jahre waren der Ausbildung gewidmet. Die Professoren der verschiedenen Institute und Forschungsbereiche der Akademie hielten Vorlesungen und berichteten über Ergebnisse ihrer Arbeit. Hinzu kamen Gastvorträge von Mitarbeitern aus Ministerien und anderen Einrichtungen. Während diese Veranstaltungen institutsübergreifend stattfanden, wurden die Seminare, die spezielleren Themen vorbehalten waren, in den Instituten organisiert. Dort wurden wir darüber hinaus in die Diskussionsrunden zu Fragen der aktuellen Forschung einbezogen. Nach zwei Jahren durchliefen wir ein Diplomverfahren, um die formalen und inhaltlichen Voraussetzungen für die Promotion, mithin für die Verteidigung einer Doktorarbeit, zu schaffen. Unser Forschungsbereich beschäftigte sich, wie gesagt, mit vergleichender Länderforschung. Für mich bedeutete dies, dass ich mich für die Diplomarbeit, und weiterführend für die Doktorarbeit, nicht nur mit der Entwicklung in Bulgarien, sondern auch mit ökonomischen Prozessen in der Sowjetunion, in Ungarn und in der Tschechoslowakei auseinandersetzen sollte. Die angenehme Seite dieses Umstands war, dass ich Partnereinrichtungen in diesen Ländern besuchen konnte.

Im Gegenzug wurden wir Aspiranten zur Betreuung von Besuchern aus diesen Ländern eingesetzt. Eine Gruppe, die ich im Rahmen eines Urlauberaustausches im Sommer 1985 betreute, ist mir besonders in Erinnerung geblieben. Zu ihr gehörten einige ausgesprochen attraktive junge Frauen. Wer nun hofft, ich werde amouröse Abenteuer zum Besten geben, den muss ich enttäuschen. Die Zeit mit dieser Gruppe war für mich in einer anderen Hinsicht bedeutsam, denn ich beendete meine Raucherkariere. Es war nicht mein erster diesbezüglicher Versuch, einmal hatte ich sogar ein Jahr lang durchgehalten und dann doch wieder angefangen. Die gesundheitlichen Folgen des jahrelangen, teils extensiven Rauchens ließen sich aber nicht ignorieren. Ein Raucherhusten, den ich bei meinem Vater gehasst hatte, stellte sich ein. Trotzdem war die Entwöhnung alles andere als leicht. Anfangs zählte ich die Tage, die ich ohne den Qualm durchhielt, später strich ich die rauchfreien Wochen, dann Monate im Kalender ab. Dass es mir gelang, das Rauchen komplett aufzugeben, zähle ich zu den großen Erfolgen in meinem Leben. Wahrscheinlich kann nur jemand, der ähnlich früh mit dem Rauchen begann, diese Einschätzung nachvollziehen.

In den beiden anderen Forschungsbereichen unseres Instituts hatten je zwei Aspiranten ihr Studium aufgenommen. Wir sieben waren in den ersten Jahren oft gemeinsam unterwegs, denn uns einte das Ziel, nach zwei Jahren das Diplomverfahren abzuschließen. Die Nicht-Berliner wollten darüber hinaus die Stadt kennenlernen. Für dieses Vorhaben blieben nur die Tage von Montag bis Donnerstag, da am Freitag die Heimfahrt zu den Familien im Vordergrund stand. Außerdem wurden wir gut mit Aufgaben versorgt, so dass für die Erkundung des Nachtlebens keine Muße blieb. An eine Ausnahme kann ich mich erinnern. Den Mitarbeitern der Akademie wurde Zugang zum legendären Künstlerclub „Möwe" gewährt. Wir konnten es uns nicht entgehen lassen, wenigstens einmal dort vorbeizuschauen. An dem Abend, an dem wir uns aufgemacht hatten, war nichts los. Vielleicht starteten die Partys später, denn die Mehrzahl der Gäste schaute erst nach Schluss der Vorstellungen in den Theatern vorbei. Die Möwe hatte deshalb bis weit in die Nacht geöffnet, während die meisten anderen Restaurants zur Sperrstunde um 24.00 Uhr schließen mussten. Da wir uns nicht die halbe Nacht um die Ohren schlagen wollten, sind wir abgezogen, zumal man nicht wissen konnte, ob an diesem Abend überhaupt noch Stimmung aufkommen würde.

Die materiellen Bedingungen, die wir an der Akademie vorfanden, würde ich als durchschnittlich bezeichnen. Wir hatten immerhin einen PC zur Verfügung, einen für das Institut. Mit ihm konnte man Texte verfassen, wenn man wusste wie. Das wussten nur wenige. Ich vertraute mich lieber „Erika", meiner kleinen Schreibmaschine, an. Das Schreiben im Zwei-Finger-Suchsystem war mühselig, insbesondere dann, wenn mit Hilfe von

Kohlepapier mehrere Durchschläge zu fertigen waren. Man durfte sich nicht verschreiben, da Fehler nur bedingt ausgebessert werden konnten. Ähnliches galt, wollte man eine Ormig-Platte beschreiben. Von der Ormig-Platte konnte eine begrenzte Anzahl von Abdrucken gezogen werden. Der Geruch, der dafür verwendeten Chemikalien, ist mir noch in der Nase, er haftete an jeder Kopie. Trockenkopierer, wie sie heute in jedem Büro zu finden sind, gab es noch nicht. Im Gegensatz zu den materiellen Bedingungen würde ich das geistige Klima am Institut als fortschrittlich und diskussionsfreudig bezeichnen. Die Offenheit endete allerdings, sobald Kritik an der Strategie des Hausherrn geäußert wurde. Das Verhältnis untereinander war kameradschaftlich. Die akademischen Titel spielten im Alltag keine Rolle, man sprach sich mit Vornamen an. Trotzdem war klar, wer die Verantwortung trug und wem deshalb ein abschließendes Votum in den jeweiligen Fragen zustand.

Nach der Verteidigung der Diplomarbeiten begannen wir mit der Vorbereitung der Dissertationen, also der Doktorarbeiten. In der Regel bauten die Dissertationen thematisch auf den Diplomarbeiten auf. Da jeder von uns ein anderes Thema zu beackern hatte, wurden wir mehr und mehr zu Einzelkämpfern, die in enger Abstimmung mit dem persönlichen Betreuer nach Erleuchtung, mithin nach Erkenntnissen suchten. Unsere Ergebnisse mussten wir regelmäßig im Forschungsbereich zur Diskussion stellen. Diese Runden waren nicht immer angenehm. Nach einem möglichen Verriss der vorgelegten Thesen brauchte man einige Zeit, um sich neu zu sortieren. Zur Vorbereitung auf die Verteidigung gehörte auch, dass wir Ergebnisse unserer Arbeit in Zeitschriften oder in der Fachpresse publizieren sollten. Irgendwo einen Artikel unterzubringen, war schwierig. Das Institut half mit einer eigenen Schriftenreihe, diese formale Anforderung zu erfüllen. Da Veröffentlichungen in den Augen der Verantwortlichen immer eine gewisse Brisanz besaßen, mussten unsere Texte vor dem Druck freigegeben werden. Eine andere Form, über unsere Arbeit zu berichten, waren Vorträge, zu denen wir von staatlichen oder gesellschaftlichen Einrichtungen eingeladen wurden. Für mich war es ein besonderes Erlebnis, vor einem großen Auditorium zu stehen und mehrere Stunden freisprechend zu referieren. In der Regel sind unsere Vorträge interessiert aufgenommen worden, nicht zuletzt, weil in den Medien über politische und wirtschaftliche Entwicklungen in anderen sozialistischen Ländern nur wenig, vor allem wenig Konkretes, berichtet wurde.

Die sich in der Sowjetunion vollziehenden politischen Veränderungen hinterließen auch an der Akademie ihre Spuren. 1982 hatte Andropow den verstorbenen Breshnew beerbt und seine Nachfolge an der Partei- und Staatsspitze angetreten. Mit ihm hatte sich die Hoffnung verbunden, dass die Stagnation der vorangegangenen Jahre überwunden werden könnte. Andropow war jedoch bereits nach 15 Monaten, mit nur 69 Jahren, einer Krankheit erlegen. Sein Nachfolger starb ebenfalls nach kurzer Zeit. Das Zepter ging an Gorbatschow über, einen bis dahin wenig bekannten Politiker aus dem Parteiapparat. Er versprach Umgestaltungen und „neues Denken".

Ich hatte mich im Rahmen meiner Studien unter anderem mit den Reformen in Ungarn und der Tschechoslowakei auseinandergesetzt, die von der Führung der Sowjetunion, wie auch der DDR, abgelehnt worden waren. Im Gegensatz dazu sah Gorbatschow diese Reformen als ein mögliches Vorbild für die von ihm geplanten Umgestaltungen in der Sowjetunion an. Ich studierte seine Reden aufmerksam, um zu verstehen, wohin die Reise gehen würde. Unsere Professoren äußerten sich meist skeptisch zu seiner Politik. Zum einen entsprach dies der Linie unserer Parteiführung, zum anderen war seine Politik tatsächlich von Aktionismus geprägt, der eine schlüssige Strategie kaum erkennen ließ. Trotz aller offiziellen Vorbehalte wirkte sein „neues Denken" als Katalysator, der die in der DDR seit längerem schwelende Unzufriedenheit mit der Politik der eigenen Führung verstärkte und die Diskussionen darüber beförderte.

In diesem Kontext ordnet sich für mich die Vereinbarung von SED und SPD über die Grundlagen der Zusammenarbeit ein, die 1987 geschlossen wurde. Diese Vereinbarung war Resultat von Gesprächen, die Vertreter unserer Akademie mit der Grundwertekommission der SPD geführt hatten. Da die politischen Diskussionen in der DDR immer breiter und grundsätzlicher wurden, sah sich die Führung meiner Partei jedoch veranlasst, den Geist dieser Vereinbarung, mithin den offenen Meinungsaustausch, nicht weiter zu propagieren. Das Papier verschwand in der Versenkung. Praktisch gleichzeitig wurde die Verbreitung einiger Zeitschriften aus der Sowjetunion, zum Beispiel des Sputniks, in der DDR verboten. Die kritischen Diskussionen ließen sich jedoch nicht aufhalten, sie erfassten immer breitere Kreise der Gesellschaft. Selbst massive Versuche von Funktionären, Diskussionen zu unterbinden, hatten keinen Erfolg.

Das Gären in der Gesellschaft ging auch an uns nicht spurlos vorüber; es äußerte sich vor allem in einem zunehmenden Gesprächsbedarf. Meine beiden Mitstreiter wohnten im Internat, das heißt, sie fanden auch in der Phase, da jeder an seiner Doktorarbeit bastelte, Möglichkeiten sich auszutauschen. Ich saß dagegen in meiner Wohnung und grübelte vor mich hin. Mir fehlten die Gespräche mit Menschen, die wie ich verstehen wollten, welche Perspektiven sich eröffnen würden. Vor diesem Hintergrund bat ich, mir einen Arbeitsplatz in einem der Mitarbeiterzimmer des Instituts zu überlassen. Platz war Mangelware. Die Lösung bestand darin, dass man mich ins Zimmer der Assistenten steckte, wo für sieben Leute nur fünf Schreibtische zur Verfügung standen, was insofern kein Problem darstellte, als nie alle gleichzeitig anwesend waren. In unserem Zimmer herrschte eine ausgesprochen lockere Atmosphäre. Wir waren junge Leute, die noch nicht mit Verantwortung belastet waren. Jeder brachte spezifische Erfahrungen mit. Eine der frisch zu uns gestoßenen Absolventinnen war ein Jahr lang in Laos gewesen, eine andere hatte längere Zeit in Nordkorea verbracht, wieder ein anderer war in der Mongolei eingesetzt gewesen.

Cerstin, geboren 1961, erzählt

Ich wuchs in einer Kleinstadt im heutigen Mecklenburg-Vorpommern auf, wo ich auch zur Schule ging. Meine Mutter stammte aus Hamburg. Nachdem sie dort ausgebombt worden war, war sie mit den Großeltern Richtung Osten geflohen und dort hängengeblieben. Meinen Vater habe ich praktisch nicht kennengelernt, da sich meine Eltern früh scheiden ließen. Meine Mutter arbeitete als Agronomin in der LPG. In die Zeit an der EOS fiel meine erste große Liebe. Die „Liebe für die Ewigkeit" hielt nur wenige Wochen. Das Ganze wäre kaum erwähnenswert, wenn wir uns nicht nach einigen Jahren wiedergetroffen und aufs Neue verliebt hätten. Wir sind bis heute ein Paar. Doch erst einmal stand die Frage an, was ich studieren soll. Ich interessierte mich für Journalismus und für Sprachen. An der EOS hatte ich Französisch als zweite Fremdsprache gewählt, so dass meine Wahl schließlich auf ein Studium der Asienwissenschaften fiel. Ich hatte insofern Glück, als in Berlin gerade ein Studiengang für Südostasien aufgesetzt worden war. Wir waren elf Mädchen und ein junger Mann. Für die drei besten von uns bestand die Aussicht, ein Jahr in Laos zu studieren. Wir büffelten wie die Weltmeister und ja, ich war dabei.

Am 18.9.1982 landeten wir in Hanoi, von wo es nach Laos weiterging. Das Jahr in Laos war ein einziges Abenteuer. Die Lebensumstände waren spartanisch, um es vorsichtig auszudrücken. Gut war, dass wir oft von bekannten Familien eingeladen wurden. Obwohl das Erlernen der Sprache im Vordergrund stand, hatten wir auch Gelegenheit, uns mit der Geschichte und der Kultur des Landes vertraut zu machen und kulturhistorische Stätten zu besuchen. Im Nationalmuseum in Vientiane gibt es eine berühmte Figur, einen dicken Buddha, der verehrt wird, weil er die Zukunft voraussagen kann. Man stellt ihm eine Entscheidungsfrage und muss dann versuchen, die Figur anzuheben. Gelingt dies, heißt das „ja", gelingt es nicht, dann „nein". Warum das Anheben der Figur dem einen gelingt und einem anderen, womöglich körperlich stärkeren Menschen, nicht, ist unklar. Ich stellte die Frage, ob ich noch einmal nach Laos zurückkehren würde. Die Antwort war „ja". Das schien mir damals wegen der politischen Gegebenheiten sehr unwahrscheinlich zu sein, doch Buddha sollte recht behalten.

Bereits während des Studiums wurde ich als Dolmetscherin eingesetzt. Nach dessen Abschluss konnte ich meinen Weg als Assistentin an der Akademie für Gesellschaftswissenschaften fortsetzen. Ich sollte mich auf die Länderforschung Laos und Vietnam spezialisieren und dazu auch die vietnamesische Sprache erlernen. In diesem Rahmen war ich drei Wochen in Hanoi, mit einem Abstecher nach Saigon. Beinahe wäre ich dort gestrandet, denn ein Tayfun verhinderte den Rückflug. Eine rumänische Maschine, die Arbeitskräfte an Bord hatte, nahm mich mit. Ich durfte sogar im Cockpit Platz nehmen. Trotz der vielen Möglichkeiten, die die Akademie bot, konnte ich mich mit der theoretischen Arbeit nicht anfreunden. Das Dolmetschen und die Betreuung von Gästen waren mehr meine Sache. Dieser Konflikt war jedoch bald nebensächlich, da mit der Wende ohnehin ein beruflicher Neuanfang erforderlich wurde. Ich heuerte bei einer Krankenkasse an und akquirierte Mitglieder.

Für mich rückte die Fertigstellung der Doktorarbeit und die Vorbereitung ihrer Verteidigung immer drängender in den Vordergrund. Außer den erforderlichen Veröffentlichungen sollte ich ein Kolloquium zu den Thesen meiner Arbeit vorbereiten und Gutachter gewinnen. Die Dissertation ließ ich auf Ormig schreiben, da sie vervielfältigt und gebunden werden sollte. Die Verteidigung selbst war von lebhaften Diskussionen geprägt, was damit zusammenhing, dass meine Thesen nicht ganz der offiziellen Meinung entsprachen. Ich hatte Vergleiche darüber angestellt, wie in den einzelnen Ländern die wissenschaftliche Forschung in den Wirtschaftsprozess eingebunden ist. Dabei gelangte ich zu der Überzeugung, dass die in der DDR präferierte Bildung von Kombinaten nicht die einzige Möglichkeit sei, Fortschritte auf diesem Gebiet zu erzielen. Die Propagierung von Erfahrungen aus Ungarn oder der Tschechoslowakei wurde jedoch nicht gern gesehen. Die Prüfungskommission brauchte dann auch eine geschlagene Stunde, um zu einem Urteil zu gelangen. Dass man mir trotzdem das Prädikat „sehr gut" zugestand, wäre wahrscheinlich einige Monate zuvor noch nicht möglich gewesen.

Nach der Verteidigung der Doktorarbeit wurde die Frage, wie mein weiterer beruflicher Weg aussehen sollte, dringend. Im Raum stand die Übernahme einer Aufgabe im Parteiapparat, was mich wenig lockte. Zu meiner Erleichterung eröffnete sich eine andere Perspektive, denn man fragte mich, ob ich mir vorstellen könnte, als Assistent an der Akademie zu bleiben. Ich sollte mir das gut überlegen, da es eine Entscheidung fürs Leben sei. Das war im Sommer 1988. Ich sagte zu, da mir die wissenschaftliche Arbeit Spaß gemacht hatte. Meine ersten Schritte als Assistent galten der Planung der B-Promotion, der Habilitation also. Ich wollte zur Geld- und Budgetpolitik der sozialistischen Länder arbeiten, einem weithin unbeackerten Feld. Da das Problem des Kaufkraftüberhangs überall diskutiert wurde, fand mein Vorschlag Gehör. Bei der Suche nach Praxispartnern nahm ich unter anderem mit der Grundsatzabteilung der Staatsbank Kontakt auf, was sich später, in einem anderen Zusammenhang, als überaus nützlich erweisen sollte.

Mit dem Status als Mitarbeiter der Akademie öffneten sich für mich einige bisher verschlossene Türen. Die hauseigene Bibliothek verfügte zum Beispiel über einen Lesesaal, der den Aspiranten nicht zugänglich gewesen war. Mich interessierten weniger die dort ausliegenden bundesdeutschen Zeitschriften als vielmehr die Bücher, die man sonst nicht fand. Eines der ersten Bücher, das ich mir vornahm, war Wolfgang Leonhards „Die Revolution entlässt ihre Kinder". Der Stalinismus und seine Auswüchse waren in der DDR nicht thematisiert worden. Berichte im Westen über die mit ihm verbundenen Verbrechen wurden als Propaganda abgetan. Das ging nicht mehr, da Gorbatschow das Thema aufgegriffen und in die öffentliche Debatte gerückt hatte. Zudem fanden Theaterstücke aus der Sowjetunion zunehmend den Weg auf unsere Bühnen, von denen einige die Rolle Lenins und Stalins in der Zeit der Revolution und danach beleuchteten. Das Verhältnis zur eigenen Geschichte wurde heiß diskutiert. Ein Buch, das mich in diesem Kontext ebenfalls beschäftigte, war Rosa Luxemburgs „Die russische Revolution". Vielleicht ist dem einen oder der anderen ihr Satz „Freiheit ist immer die Freiheit der Andersdenkenden", der damals in den Diskussionen eine wichtige Rolle spielte, in Erinnerung geblieben. Ich verstehe den Satz so, dass der Grad der Freiheit in einer Gesellschaft daran gemessen werden kann, wie frei Andersdenkende ihre Meinung äußern können, ohne Angst um ihr Ansehen, ihre gesellschaftliche Stellung oder gar um ihre körperliche Unversehrtheit haben zu müssen. Diese Erkenntnis ging mir in den letzten Jahren immer wieder durch den Kopf.

Noch einmal Jürgen

Nach dem Studium, es war doch Mathematik geworden, bot man mir an, im Zentralrat der FDJ, im Bereich Internationale Studentenorganisationen, zu arbeiten. Ich sagte zu. Die Aufgaben im Zentralrat waren vielschichtig und interessant, aber auch zeitraubend, so dass meine Familie oft auf mich verzichten musste. 1985 wurde ich zum Sekretär der FDJ-Fraktion der Volkskammer berufen. In dieser Funktion hatte ich engen Kontakt zu den Fachbereichen im Zentralrat, zu den Bezirksorganisationen der FDJ aber auch zu internationalen Organisationen. Eine meiner ersten Aufgaben bestand darin, die Kandidaten der FDJ für die Volkskammerwahl 1986 abzustimmen. Die Zahl von 40 Abgeordneten und 12 Nachrückern war seit Jahren im Rahmen der „Nationalen Front", in der die Parteien und Massenorganisationen der DDR zusammenarbeiteten, festgeschrieben. Die Bezirksleitungen der FDJ machten Vorschläge für Kandidaten, die von deren Arbeitskollektiven beraten und bestätigt werden mussten. Bei der Auswahl sollte darauf geachtet werden, dass sowohl Frauen und Männer als auch wichtige Berufsgruppen angemessen vertreten sind. Nach der Wahl blieben die Abgeordneten in ihren Arbeitsstellen tätig, sie wurden zu den Sitzungen der Volkskammer freigestellt. Für ihre Abgeordnetenarbeit erhielten sie eine Aufwandsentschädigung von eintausend Mark im Monat, wobei man davon ausging, dass sie im Wahlkreis ehrenamtliche tätig sein würden.

Als sich im Sommer 1989 die gesellschaftlichen Konflikte zuspitzten, konnte ich eine Zusammenkunft der FDJ-Fraktion mit dem Präsidenten der Volkskammer, der auch dem höchsten Führungsgremium der SED angehörte, organisieren. Es wurde schnell klar, dass er keine Ahnung von der Stimmung im Lande hatte; er war aber auch nicht bereit, sich die Erfahrungen der Abgeordneten zu eigen zu machen. In den folgenden ereignisreichen Wochen vermochten es unsere Abgeordneten leider nicht, wirksam in die politischen Auseinandersetzungen einzugreifen. Sie hatten schlicht nicht gelernt, sich in kontroversen Diskussionen zu behaupten. Nach der Volkskammerwahl vom März 1990 gab es keine eigenständige Jugendfraktion mehr.

Das Ende vom Lied

Die Diskussionen in der Gesellschaft wurden heftiger, Proteste und Demonstrationen kamen hinzu. Junge Leute verließen in Scharen das Land, während die Partei- und Staatsspitze in Starrsinn verharrte. Wie viele andere suchte ich den Austausch, das Gespräch mit Freunden und Bekannten, aber auch mit Menschen, die einen anderen Lebenshintergrund hatten als ich. Lothar nahm mich in einen Freundeskreis mit, der von jungen Künstlern geprägt war. Sie waren nicht gegen die DDR eingestellt, die Unzufriedenheit über die Entwicklung der letzten Jahre war jedoch tief verwurzelt. Ihre Kritik brachten sie in ihren Programmen zum Ausdruck, anfangs verklausuliert, zwischen den Zeilen gewissermaßen, dann immer offener und direkter. Ich wurde in ihre Diskussionen nach und nach einbezogen, auch weil ich Informationen über wirtschaftliche Zusammenhänge und über Entwicklungen in anderen sozialistischen Ländern beisteuern konnte. In diesem Kreis lernte ich Thomas kennen.

Thomas, geboren 1954, erzählt

Ich wuchs in Magdeburg auf, wo in jener Zeit die Spuren des Krieges noch allgegenwärtig waren. Wenn ich aus dem Fenster blickte, sah ich auf eine Ruinenlandschaft herab, die mein Abenteuerspielplatz geworden war. In einer alten Kaserne fanden wir Waffenreste und Munition, sogar einen alten Revolver brachte ich eines Tages, zum Entsetzen meiner Eltern, mit nach Hause. Ich war immer unterwegs, bin überall herumgeklettert. Aktiver Sport sollte dazu beitragen, meinen Bewegungsdrang in geordnete Bahnen zu lenken. Mein Talent fürs Turnen brachte mich nach der dritten Klasse an die Sportschule. Dort hatten wir sehr gute Bedingungen, uns wurde aber auch viel abverlangt. Ich lernte, was Disziplin bedeutet und wie sie hilft, ein großes Aufgabenpensum zu bewältigen. Im Sommer vor Beginn der achten Klasse zogen wir nach Waren/ Müritz, was für mich mit einem Wechsel an die Sportschule in Rostock verbunden war. Dort wurde bei einer Untersuchung festgestellt, dass ich nicht die optimalen körperlichen Voraussetzungen für einen Turner entwickeln würde. Mein Traum von einer Turnerkarriere löste sich damit in Luft auf. Nach Beendigung der Schule begann ich eine Berufsausbildung mit Abitur. Einer der Lehrer verstand es, mein Interesse für Geschichte, Philosophie und Psychologie zu wecken. In dieser Zeit wurde mein Vater Leiter eines Jugendwerkhofs. In den Werkhöfen hatte es bereits Veränderungen, weg vom Drill hin zu mehr Selbständigkeit der Jugendlichen, gegeben. Es fehlte jedoch eine psychologische Betreuung. Die Argumente, die mein Vater dazu vorbrachte, überzeugten mich. Unsere Gespräche verstärkten meinen Wunsch, Psychologie zu studieren, nicht mit einem klinischen Schwerpunkt, sondern in ihrer praktischen Anwendung in Betrieben, in Bildung und Erziehung.

Das Studium begann ich 1976 in Berlin. Die Möglichkeiten, die sich mir in der Großstadt boten, waren überwältigend. Besonders die kulturellen Angebote Berlins waren eine unglaubliche Bereicherung für mich. Ich ging ins Kino, ins Theater, in die Oper und zu Ballettaufführungen. Selbst für Studenten, die mit einem geringen Stipendium auskommen mussten, war dies finanzierbar. Darüber hinaus las ich viel und ich führte Gespräche mit unterschiedlichsten Menschen. Die Humboldt-Universität eröffnete zudem viele Möglichkeiten, Wissen über die Grenzen des eigenen Fachgebiets hinaus aufzunehmen. Was mich an der Uni störte, war die dort gängige abgehobene Sprache, in der für mich eine gewisse akademische Überheblichkeit zum Ausdruck kam. Ich war entschlossen, nach dem Studium in die Praxis zu gehen, um dort die erworbenen Kenntnisse einzubringen. Ich musste allerdings feststellen, dass es große Vorbehalte gegen die „neumodischen" Methoden gab. Ähnliche Erfahrungen machte ich am Institut für Hochschulbildung, an dem ich seit 1983 tätig war. Meine Promotion wurde immer wieder verschoben, weil meine Thesen nicht der offiziellen Linie entsprachen. Ich wollte mehr Eigenständigkeit, Unabhängigkeit und selbstbestimmtes Handeln der Studenten und Hochschullehrer erreichen. In diesem Herangehen trafen sich meine Überlegungen mit denen von Rudolf Bahro, der ähnliches für die Wirtschaft formuliert hatte. Die von ihm mitbegründete Zeitschrift „Forum", genauso wie sein Buch „Die Alternative", haben mich geprägt.

Meine Wohnung befand sich in unmittelbarer Nähe der Gethsemanekirche, mit deren Pfarrer ich persönlich bekannt war. Ich nahm dort an vielen Veranstaltungen teil und trat schließlich 1989 ins „Neue Forum" ein, wo ich allerdings eine gewisse Reserviertheit mir als Neuem gegenüber verspürte. Die in diesem Kreis geäußerte Kritik an den gesellschaftlichen Zuständen stimmte in vielem mit meinen Überlegungen überein. Ich hatte aber auch den Eindruck, dass sich manche Diskussionen abgehoben von der Welt bewegten, dass sie mehr dem eigenen Ego als den Menschen verpflichtet waren.

Mitten in diese konfliktreiche Zeit, in der man über Versäumnisse der letzten Jahre und über mögliche Perspektiven diskutierte, fielen die Kommunalwahlen vom Mai 1989. Die nach den Wahlen verkündeten Ergebnisse passten nicht zur Stimmung in der Gesellschaft. Schon bei früheren Wahlen hatte es den Verdacht gegeben, dass Wahlergebnisse geschönt worden waren, aber diesmal war die Diskrepanz zwischen den

Wahrnehmungen der Menschen und den präsentierten Zahlen eklatant. Betrugsvorwürfe wurden laut, die das Gefühl von Unzufriedenheit, von ohnmächtiger Wut auf „die da oben" nur noch verstärkten.

Carsten, geboren 1968, erzählt

Ich wurde in Berlin geboren und ging dort auch zur Schule. Mein Vater war in leitenden Positionen in der Wirtschaft tätig. Er hatte zuhause ein strenges Regime eingeführt, Westfernsehen war bis zur sechsten Klasse für mich tabu. Später gab er es auf, mich derart zu reglementieren. Ich hörte viel Musik, Schlager der Woche oder S-F-Beat aus dem Westen, genauso wie DT 64 von hier. Mit „Babett", meinem Kassettenrekorder, nahm ich vom Radio auf, was es an Musik nicht zu kaufen gab. In der neunten Klasse bestellte man mich zur Musterung ein. Der Offizier, der das Gespräch führte, muss sehr überzeugend gewesen sein, denn ich verpflichtete mich zu zehn Jahren Armeedienst. Wahrscheinlich spielte auch eine Rolle, dass er mir den Wechsel in die Abiturstufe zusicherte. Meine Mutter fiel aus allen Wolken, als ich ihr dies berichtete. Sie drängte mich, die Verpflichtung umgehend zu widerrufen. Der Offizier im Wehrkreiskommando war erwartungsgemäß nicht erfreut über diese Wendung. Er meinte, dass ich unter diesen Umständen das Abitur vergessen könnte. Mit dem Abschluss der zehnten Klasse in der Tasche verließ ich im Sommer 1985 die Schule und begann eine Lehre als Werkzeugmacher. Den Vorsatz zu studieren, gab ich nicht auf, dreimal in der Woche pilgerte ich zur Abendschule, um das Abitur nachzuholen.

In der Zeit der Lehre verdiente ich mir im Messebau etwas dazu. Ein angenehmer Nebeneffekt dieses Jobs war, dass ich Großveranstaltungen in der Werner-Seelenbinder-Halle miterleben konnte. Trotz der daheim nach und nach erstrittenen Freiräume wollte ich mit 18 Jahren weg von zuhause. Zusammen mit Freunden hielt ich nach leerstehenden Wohnungen in baufälligen Häusern Ausschau. Als ich eine leere Wohnung gefunden hatte, brachte ich Gardinen an und ich schaltete hin und wieder Licht ein, um zu zeigen, dass sie bewohnt sei. Voller Optimismus, dass ich die Wohnung erhalten würde, wurde ich bei der Jugendstelle für Wohnungen vorstellig. Dort erklärte man mir, dass Wohnungsbesetzungen gesetzwidrig seien. Ich weiß nicht, ob die Bearbeiterin Mitleid hatte oder ob ihr meine Hartnäckigkeit gefiel, jedenfalls wies sie mir trotz allem eine Wohnung zu.

Die allgemeine Unzufriedenheit mit den Verhältnissen in der DDR war in dieser Zeit mit Händen zu greifen. Zur Kommunalwahl im Mai 1989 machte der Spruch „Mit Bleistift und Lineal gehen wir zur Wahl" die Runde. Bis auf einen Kandidaten, den ich persönlich kannte, strich ich alle auf dem Wahlzettel stehenden durch. Der Unmut vor allem der jungen Leute hatte viele Gründe, das Wohnungsproblem war nur eines davon. Mängel in der Versorgung waren allgegenwärtig. Vor diesem Hintergrund klangen die Parolen der Führung und derjenigen, die ihr nachplapperten, nur hohl. Ob bei den PKW, der Videotechnik oder den Computern, überall schien die DDR technisch abgehängt zu werden. International angesagte Bands spielten nur selten bei uns, ihre Platten waren Mangel- oder Schwarzmarktware. Am bedrückendsten war für mich, dass ich nicht reisen konnte, wohin ich wollte und dass unser Geld im Ausland nichts wert war. Immer mehr junge Leute wollten das Land verlassen, einem Vorhaben, dem sich über die Tschechoslowakei und Ungarn neue Wege eröffnet hatten. Im Sommer 1989 wollte ich, wie schon oft, in Ungarn Urlaub machen. Auf dem Flughafen in Budapest sprach mich ein Herr an, der mich fragte, ob ich „weg" wolle, ein Bus stünde bereit. Ich wollte nicht.

Der Strom junger Menschen, die die DDR verließen, wurde immer breiter. Das einzige, was der Führung dazu einfiel, waren Sätze wie „Reisende soll man nicht aufhalten". Wegzugehen war aber nicht für jeden eine Option; viele wollten einfach, dass sich die Situation im Land veränderte, dass realistische Perspektiven aufgezeigt würden. Dieser Wunsch drückte sich immer häufiger in Protesten aus. Mit den Montagsdemonstrationen, die am 4. September 1989 in Leipzig begannen, wurden öffentliche Unmutsbekundungen beinahe alltäglich.

Petra, geboren 1957, erzählt

In den ersten Jahren an der EOS hatte ich noch keinen Plan, welchen beruflichen Weg ich einschlagen soll. Meine Mutter war Kauffrau, mein Vater arbeitete in der Kreisverwaltung, beides interessierte mich nicht. Irgendwann hielt ich in der Klasse einen Vortrag, der von allen Seiten gelobt wurde. Ich hatte scheinbar ein Talent dafür, Zuhörer zu fesseln. Vielleicht war der Lehrerberuf das Richtige für mich. Während des Studiums lernte ich meinen späteren Mann kennen. Wir heirateten, auch, um später am gleichen Ort eingesetzt zu werden. Mitte 1980 wurde Leipzig unser Zuhause, wo wir eine ausbaufähige Altbauwohnung erhielten. Unser Anfangsgehalt von je 620 Mark war nicht gerade üppig. Der zinslose Ehekredit über 5.000 Mark half uns, die Wohnung einzurichten. Er war in geringen Raten zurückzuzahlen, wobei sich mit jedem Kind die rückzuzahlende Summe verringerte. 1982 kam unser „Großer" zur Welt, vier Jahre später der „Kleine". Beide Schwangerschaften waren von Komplikationen begleitet. Der Kleine war ein Frühchen und brauchte besondere Fürsorge, weshalb ich in seinen ersten drei Jahren zuhause blieb.

Die Tätigkeit als Lehrerin hatte mir zwar Spaß gemacht, ich war aber schnell gestresst, wenn es nicht so lief, wie ich es mir wünschte. Die Aussicht, nach drei Jahren in den Schuldienst zurückzukehren, hinterließ deshalb gemischte Gefühle bei mir. Da hörte ich, dass in einem Museum Mitarbeiter für Schülerführungen gesucht wurden. Ich bewarb mich und wurde als „Führungskraft" angeheuert. Aus dem Schuldienst freigestellt zu werden, war jedoch nicht einfach. Ich musste einige Hartnäckigkeit aufbringen, da Lehrer gebraucht und ungern freigegeben wurden. Anfang Oktober 1989 trat ich die neue Stelle an. Zeitgleich wurde der „Große" eingeschult und der „Kleine" ging im Kindergarten an den Start. Das heißt, das Leben der Familie musste neu organisiert werden. Ich spürte natürlich die Unzufriedenheit in der Bevölkerung, auch von den Montagsdemos, die durch Leipzig zogen, hatte ich gehört. Sie fanden abends statt, zu einer Zeit, da ich die Kinder zu versorgen hatte.

Mein Mann und ich überstanden die Wende beruflich gesehen gut, vielleicht auch, weil wir uns in der DDR nicht politisch engagiert, keiner Partei angehört hatten. Für meinen Mann war das besonders wichtig, da er den Lehrerberuf als seine Berufung empfand. Umso schwerer traf es ihn, als ihn die Zeit in der DDR einige Jahre später noch einmal einholte. Während des Wehrdienstes, den er vor Beginn des Studiums absolviert hatte, war er mit der EK-Bewegung konfrontiert worden. „EK" waren Entlassungskandidaten, die sich die Zeit bis zum Ende des Wehrdienstes mit unterschiedlichen Ritualen vertrieben, aber auch indem sie jüngere Soldaten schikanierten. Mein Mann wandte sich an den für Sicherheit zuständigen Offizier, in der Hoffnung, er würde Abhilfe schaffen. Die drei von ihm geführten Gespräche waren aktenkundig. An einem Wochenende 1996 fand er einen Brief im Briefkasten, in dem ihm mitgeteilt wurde, dass er wegen Kontakten zur Staatssicherheit der DDR fristlos entlassen sei und die Schule nicht mehr betreten dürfe. Das war ein Schock für die ganze Familie. Mein Mann ging mit einem Anwalt gegen die Kündigung vor. Vom Gericht erhielt er zwar Recht und eine kleine Entschädigung zugestanden, die Rehabilitierung erfolgte aber erst Jahre später, als er längst im Vertrieb eines Konzerns Fuß gefasst hatte.

In der von Unruhe geprägten Stimmung rückte der 7. Oktober und mit ihm die Festivitäten zum 40. Jahrestag der DDR heran. Wieder tat die Staatsführung so, als sei alles wie immer. Am Abend des 7. Oktober war ich mit Lothar verabredet. Wir sind auf ein Bier in eine Kneipe gegangen. Plötzlich kamen junge Leute hereingestürmt, völlig aufgelöst und außer sich. Sie hatten an einem Protestzug teilgenommen, der von der Polizei aufgelöst worden war. Wir konnten kaum glauben, was sie berichteten. In den folgenden Tagen sollten sich ihre Schilderungen jedoch bestätigen.

Günter, geboren 1954, erzählt

Meine Eltern stammten aus dem heutigen Polen. Nach der zehnten Klasse besuchte ich eine Schule, die das Abitur parallel mit einer Berufsausbildung anbot. Ich wurde Agrotechniker, habe aber nie in diesem Beruf gearbeitet.

Damals wurden Offiziersbewerber gesucht. Für meine Entscheidung, diese Laufbahn zu wählen, spielte eine Rolle, dass einer meiner Großväter als Antifaschist im KZ gesessen hatte, während der andere, ein Offizier, nicht aus dem Krieg heimgekehrt war. Meine Überzeugung war, dass es möglich sein musste, beide Traditionen miteinander zu verbinden. Ich wollte im politischen Bereich der Streitkräfte tätig werden und helfen, dass die NVA nicht der Wehrmacht nacheiferte, sondern antifaschistisch geprägt werden würde. Mein Schwerpunkt war die kulturpolitische Arbeit, wo ich unter anderem für das Klubhaus, die Bibliothek und den Freizeitsport Verantwortung trug. Mein Weg führte mich später zum Wachregiment „Friedrich Engels" nach Berlin. Wir waren für die Bewachung militärischer Objekte zuständig, aber auch für die Ehrenposten vor dem Mahnmal in der „Neuen Wache". Zu unserem Regiment gehörte darüber hinaus das Musikchor, das jeweils mittwochs den großen Wachaufzug zelebrierte.

Im Oktober 1989 waren eine Reihe von Veranstaltungen zum 40. Jahrestag der Gründung der DDR geplant, zu denen Staatsgäste aus vielen Ländern erwartet wurden. Diese Ereignisse waren für uns mit „erhöhter Gefechtsbereitschaft" verbunden. Neben der Sicherung von Gebäuden gehörten der große Zapfenstreich am 4.Oktober, der Fackelzug von einhunderttausend FDJ-lern am Vorabend des Jahrestags und die Militärparade zu dessen Ehren zu unseren Aufgaben. Die Unruhe in der Bevölkerung ging natürlich nicht spurlos an uns vorüber. Am Abend des Jahrestages hatte es zum Beispiel eine Demonstration vorwiegend junger Leute gegeben. Als einige in Richtung Brandenburger Tor abbiegen wollten, wurden wir eingesetzt, um den Zugang zur Straße Unter den Linden abzuriegeln, da jede Eskalation in Grenznähe vermieden werden sollte.

Die Ereignisse rund um den Jahrestag konnten von der Staatsführung und den Medien nicht mehr unter den Teppich gekehrt werden. Es verging kein Tag mehr, ohne Berichte zu diesen Ereignissen oder zu Protesten in verschiedenen Teilen der Republik.

Noch einmal Jupi

1989 war ich Lehrer an der Bezirksparteischule in Leipzig. Für den 9. Oktober war eine Demonstration angekündigt. Uns wurde aufgetragen, in die Nikolaikirche zu gehen und in Gesprächen mäßigend auf die Menschen einzuwirken. Dazu kam es nicht, denn in der Kirche waren Diskussionen nicht möglich, auch weil die Demonstranten vor der Tür alles übertönten. Die Straßen der Innenstadt waren brechend voll mit Menschen, die ihrem Frust und ihren Forderungen in Sprechchören Ausdruck gaben. Die Kraft von tausenden Kehlen ließ die Mauern buchstäblich erzittern. Überall war Polizei aufgezogen, weitere bewaffnete Kräfte standen, wie wir wussten, in Bereitschaft. Die Stimmung war aufgeheizt. Hier und da aufflackernde Aggressivität wurde von den Demonstranten selbst unterbunden. Das Neue Forum hatte zudem Ordner aufgeboten, die Angriffe auf öffentliche Gebäude verhindern sollten. Dass dieser Tag gewaltfrei blieb, grenzt an ein Wunder, ein Wunder, das engagierten Bürgern aus vielen Teilen der Gesellschaft zu verdanken war.

Wenige Tage später war ich selbst Teil einer Demonstration. Wir hatten uns vor dem Gebäude des Zentralkomitees der Partei versammelt, das am 18. Oktober zu einer Tagung zusammengekommen war. Wir wollten die Ablösung Erich Honeckers und damit einen politischen Neuanfang unterstützen. Nach der Sitzung kam nicht der neue Generalsekretär, Egon Krenz, zu den Wartenden, um über die Ergebnisse der Tagung zu berichten, sondern Gregor Gysi. In meinen Augen war das ein Zeichen dafür, dass sich mit Egon Krenz nichts Grundlegendes ändern würde. Die widersprüchlichen Emotionen, die diese Tage beherrschten, kulminierten für mich am 4. November in der Kundgebung auf dem Alexanderplatz. Hunderttausende waren gekommen. Es herrschte eine ernste aber auch fröhliche Stimmung. Manche der Wortmeldungen taten mir weh, andere vermittelten Zuversicht. Die Überzeugung, dass „die da oben" die Bekundungen so vieler Menschen nicht ignorieren können, überwog. Nach meiner Wahrnehmung wollte eine deutliche Mehrheit derer, die an diesem Tag auf dem Alexanderplatz ihren Unmut kundtaten, Veränderungen hin zu einer „besseren DDR".

Einer der ersten Beschlüsse der neuen Parteiführung galt den Reiseregeln, da die Forderung nach Reisefreiheit bei den Demonstrationen eine zentrale Rolle gespielt hatte. Die Maßnahmen, die dazu auf den Weg gebracht wurden, wie auch andere Beschlüsse, sollten am 9. November auf einer Pressekonferenz erläutert werden. Die unbedachten Worte, dass die geplanten Regelungen „sofort, unverzüglich" gelten würden, hatten ungeahnte Folgen. In Berlin stürmten Menschen zum Grenzübergang Bornholmer Straße, um in den Westteil der Stadt zu gelangen. Die Grenzwächter waren ob des Ansturms überfordert. Sie hatten zudem keine Order, wie sie sich verhalten sollten. Kurz vor Mitternacht ließen sie die wartenden und drängenden Menschen passieren. Eine Bresche hatte sich aufgetan, die die Mauer schließlich zu Fall bringen sollte.

Noch einmal Günter

In der Nacht vom 9. zum 10. November war ich Diensthabender der Regimentsführung. Die Pressekonferenz, auf der über die geplanten Reiseregelungen informiert wurde, verfolgte ich im Fernsehen. Ich rief den Diensthabenden in der Stadtkommandantur an, um zu erfragen, ob sich aus den Ankündigungen irgendwelche Folgerungen für uns ergeben würden. Dort hatte man keine Informationen. Gegen 23.00 Uhr, ich hatte mich hingelegt, klingelte das Telefon. Ein Kollege, der in der Nähe des Grenzübergangs Bornholmer Straße wohnte, rief an. Von seinem Fenster aus hatte er gesehen, dass Bürger die Grenze passierten. Ich rief wieder bei der Stadtkommandantur an, dort wusste man von nichts. Der Diensthabende versprach, im Hauptquartier der NVA nachzufragen. Von dort kam keine Antwort. Ähnliches erlebten die Diensthabenden am Grenzübergang, sie blieben ohne Order der militärischen Führung. Nach einiger Zeit rief mein Kollege wieder an, um mir mitzuteilen, dass bereits hunderte den Grenzübergang passieren würden, einige im PKW. Da die Grenzsicherung nicht zu unserem Aufgabenbereich gehörte, telefonierte ich erneut mit der Stadtkommandantur. Dort wollte man kaum glauben, was ich berichtete. Wir verständigten uns darauf, die Einsatzbereitschaft des Wachregiments herzustellen. Zur Ausrüstung sollten Schilde, Helme und Schlagstöcke gehören, keine Schusswaffen. Inzwischen waren auch die Kommandeure informiert worden. Der Polizeipräsident versammelte alle Diensthabenden der inneren Sicherheit zur Lagebesprechung. Es stellte sich heraus, dass er genauso ahnungslos war wie wir. Es wurde Einsatzbereitschaft für alle Einheiten befohlen, gleichzeitig wurde festgelegt, dass keine Schusswaffen zu tragen seien, was auch für die Offiziere galt. In dieser Nacht kamen wir nicht zum Einsatz.

Ich habe das Jahrhundertereignis der Maueröffnung verschlafen. Als ich am Freitag die Nachrichten einschaltete, konnte ich kaum glauben, was ich hörte. Meine Gefühle schwankten zwischen Freude darüber, dass diese Nacht friedlich verlaufen war, und der Ungewissheit, wie es weitergehen würde. Am Montag war ich in der Akademie, um mir in Gesprächen einen Überblick über die Lage zu verschaffen. Die Stimmung war gedrückt. Zusammen mit Cerstin machte ich mich auf, die Situation an der Grenze zu erkunden. Unser Weg führte uns durch den „Tränenpalast" am Bahnhof Friedrichstraße auf die andere Seite und dann durch den Tiergarten. Wir waren etwas unsicher, ob die Rückkehr problemlos verlaufen würde, denn es hatte Gerüchte gegeben, dass Ausweise ungültig gestempelt worden waren, was einer Ausbürgerung gleichgekommen wäre. Unsere Sorge erwies sich als unbegründet. Wenige Tage später verabredete ich mich mit Lothar, um West-Berlin zu erkunden. Wir liefen die Bernauer Straße entlang und dann in einem großen Bogen zum Kudamm. Überall waren bereits Ausgabestellen eingerichtet worden, wo jeder Ossi ein Begrüßungsgeld von 100 Westmark abholen konnte. Am Bahnhof Zoo gab ich das erste Mal Westgeld aus. Das erste Mal vergisst man nicht. Ich war jedoch nicht bei Beate Uhse, deren Geschäft unübersehbar um Kunden warb, ich hatte einfach Hunger. Ein Dönerstand weckte meine Aufmerksamkeit. „Döner Kebap" klang vertraut, denn mit Kebap wird in Bulgarien ein Fleischgericht bezeichnet. „Kebap" vermittelte in der

Fremde zudem ein Gefühl von Heimat. Der Eindruck von Fremdheit war durch eine Demonstration linker Gruppen, die lautstark den Kudamm entlang zogen, noch verstärkt worden. Um das Westgeld für die Bahn zu sparen, machten wir uns zu Fuß auf den Weg nach Hause. Wenige Tage später wurden Fahrten mit den öffentlichen Verkehrsmitteln kostenlos, so dass der Strom der Ossis in den Westen nicht abebbte, der anfängliche Enthusiasmus der West-Berliner schon.

Von nun an überschlugen sich die Ereignisse. Ich war kaum mehr in der Lage, alle Nachrichten aufzunehmen, geschweige denn, sie zu verarbeiten. Meine Partei wurde als Hauptschuldiger für die Fehlentwicklungen in der DDR verantwortlich gemacht, nicht nur die, die die Politik bestimmt hatten, sondern auch all jene, die sich über viele Jahre für die Allgemeinheit, sei es in der Wirtschaft, in Schulen, im Gesundheitswesen oder anderswo, abgestrampelt hatten. Auch innerhalb der Partei begannen Auseinandersetzungen über Fehler der Vergangenheit und mögliche Wege in die Zukunft. Viele Funktionäre wurden ihrer Posten enthoben, gleichzeitig setzte eine Welle von Austritten aus der Partei ein. Einige versuchten, sich mit diesem Schritt reinzuwaschen, andere gingen ihn, weil sie von der Führung enttäuscht waren und weil sie sahen, wie wenig ihr bisheriges Engagement wertgeschätzt wurde. Manche, die noch vor kurzem die Parteiführung hatten hochleben lassen, gerierten sich jetzt als Opposition. Das Wort von den Wendehälsen machte die Runde. Das unentschlossene, mitunter widersprüchliche Agieren der Parteiführung ließ auch bei mir ein Gefühl der Entfremdung aufkommen. Hinzu kam, dass nach einiger Zeit die Parteiorganisationen in den Betrieben und Einrichtungen aufgelöst wurden. Wir sollten uns in den Wohngebieten zusammenfinden. Dort besuchte ich eine Versammlung, die ich als ernüchternd empfand. Ich war ein anderes Niveau der Diskussionen gewohnt.

Parallel mit dem Niedergang der SED entstanden neue Formen der Zusammenarbeit der gesellschaftlichen Kräfte. Runde Tische, an denen man gemeinsam nach Auswegen aus der sich verschärfenden Krise suchte, bildeten sich. Bedingt durch die nunmehr offene Grenze kamen immer mehr Geschäftemacher aus dem Westen ins Land. Der Schwarzmarktkurs für den Umtausch von Ostmark in Westmark erreichte absurde Höhen. Die Neuwahl der Volkskammer am 18. März 1990 sollte eine Stabilisierung der schwierigen politischen und wirtschaftlichen Situation ermöglichen. Die aus ihr hervorgegangene Regierung sah die Lösung für die entstandenen Probleme in einem schnellen Zusammengehen mit der Bundesrepublik Deutschland.

Noch einmal Jupi

In dieser Zeit war ich ständig unterwegs. Die sich breitmachende Stimmung für eine Vereinigung der beiden deutschen Staaten konnte ich nicht teilen. Als der Kanzler der Bundesrepublik, entgegen der Zusicherung, sich nicht in den Wahlkampf einzumischen, am 14. März 1990 in Leipzig eine Rede hielt, war ich mit einer DDR-Fahne vor Ort. Ich wurde verprügelt, aber die Fahne gab ich nicht her.

Mir war klar, dass die Akademie unter den veränderten Bedingungen keine Überlebenschance besaß. Ich fragte in der Staatsbank an, ob man dort Verwendung für mich hätte. Der Leiter der Grundsatzabteilung war nicht abgeneigt. Als ich im April 1990, eine Tätigkeit als Kreditreferent aufnahm, gab es die Staatsbank, so wie ich sie kennengelernt hatte, bereits nicht mehr. Die Filialen waren zu 2/3 an die Deutsche Bank und zu 1/3 an die Dresdner Bank gegangen. Im Rahmen des Prozesses der Annäherung an die Gegebenheiten der BRD hatte die Kreditanstalt für Wiederaufbau (KfW) einige ihrer Programme auf die Situation in der DDR zugeschnitten. Sie sollten von der Staatsbank in Mark der DDR ausgereicht werden. Die technische Abwicklung wurde in meine Hände gelegt. Das ist durchaus wörtlich zu nehmen, denn Computer hatten wir nicht, so dass ich die Kredite per Hand listete. Es waren nicht viele, denn die Zeit der DDR lief bereits ab. Im Zusammenhang mit den Kreditprogrammen bot die KfW an, einen Mitarbeiter für zwei Wochen nach Frankfurt/Main zu holen, um die Arbeit vor Ort kennenzulernen. Die Wahl fiel auf mich.

Für die Reise waren einige Vorbereitungen zu treffen. Ich brauchte zwei Anzüge, Hemden, Krawatten und einiges mehr. Die KfW brachte mich im Hotel Marriott unter, das in der Nähe gelegen und außerordentlich nobel war. Ich fand freundliche Aufnahme, bekam viel Lesematerial und durfte die eine oder andere Unterlage kopieren. Dazu erklärte man mir das Kopiergerät, ein ähnliches hatte es weder im Außenhandel noch an der Akademie oder der Staatsbank gegeben. Für das leibliche Wohl sorgte ein sehr angenehmes Mitarbeiterrestaurant, Kantine zu sagen, wäre an dieser Stelle unpassend. Abends strich ich um die Häuser, um irgendwo eine Kleinigkeit als Abendessen zu ergattern. Dabei musste ich feststellen, dass der Döner in Frankfurt deutlich teurer war als in Berlin. Ich wollte mit dem Westgeld, das man mir mitgegeben hatte, haushalten, um es für Anschaffungen einsetzen zu können. Frühstück bekam ich im Hotel. Als ich am letzten Tag bezahlen wollte, muss ich, als ich die Rechnung sah, blass geworden sein. Das Frühstück war nicht, wie ich gedacht hatte, im Preis inbegriffen, es verschlang fast meinen gesamten Tagessatz. Vorsichtig zählte ich die mir verbliebene Barschaft. Verwundert und leicht verärgert fragte die Dame am Tresen, ob ich denn nicht mit Karte zahlen wolle. Ich konnte diesem Wunsch nicht nachkommen. Sie musste wohl oder übel das Bargeld, das ich ihr über den Tresen schob, nachzählen. Wieder einmal war mir das Westgeld nicht treu gewesen.

Durch die offene Grenze sickerte immer mehr Geld der Bundesrepublik in die DDR. Schieber und Spekulanten hatten Hochkonjunktur. Umgekehrt suchten viele junge Leute im Westen ihr Glück und ein besseres Einkommen. Die Abwanderung gefährdete nicht nur die Wirtschaft der DDR, sondern insgesamt die Gesellschaft. Die schnelle Einführung der D-Mark als gesetzliches Zahlungsmittel schien unter diesen Umständen alternativlos zu sein. Eine Währungsumstellung ist mit einem erheblichen organisatorischen Aufwand verbunden, der zu einem großen Teil von den Mitarbeitern der Staatsbank und der Sparkassen gestemmt werden sollte. Da meine Abteilung nicht direkt einbezogen war, schickte man mich in eine Filiale der Sparkasse, um dort bei der Eröffnung von Konten zu helfen.

Der Umtausch von Ost-Mark in West-Mark sollte ausschließlich über Konten erfolgen. Der Anteil der Bürger, die keines besaßen, war für mich erstaunlich groß, weshalb wir Konten wie am Fließband eröffneten. Viele, die da vor mir standen, hatten wahrscheinlich noch nie eine Sparkasse oder eine Bank von innen gesehen. Augenscheinlich verfügten sie auch nicht über Ersparnisse, die sie hätten umtauschen können. Warum brauchten sie dann ein Konto? Die Antwort wurde schnell klar. Den Vorzugskurs von 1 zu 1 (eine Ost-Mark gegen eine West-Mark) erhielt man nur für einen nach Alter gestaffelte Betrag, der Rest wurde 2 zu 1 umgestellt. Mancher schleppte seine Oma oder einen Bekannten in die Sparkasse, damit diese ein Konto eröffnen. Gegen eine kleine Belohnung nutzten sie deren Vorzugsumtausch zum eigenen Vorteil. Die Umstellung der Währung wurde an einem Wochenende vollzogen. Am Sonntag, den 1.Juli 1990, begann die Auszahlung des Westgelds. Am Montag war ich in der Ackerhalle, in der ich oft meinen Wocheneinkauf erledigt hatte, um mir ein Bild von den Veränderungen zu machen. Ich traute meinen Augen kaum, die Halle war vollgepfropft mit Waren aus dem Westen. Die Dinge, die bisher auf meinem Einkaufszettel gestanden hatten, waren komplett verschwunden. Ich musste mich erst einmal orientieren, die neuen Produkte und ihre Preise kennenlernen. Das Preisgefüge war ungewohnt, völlig anders als vordem. Gekauft habe ich an diesem Tag nichts, ich fühlte mich überfordert.

Mit der Übernahme des Westgelds war endgültig klar, dass die Tage der DDR gezählt sein würden. Vieles hatte sich bereits geändert, das politische System war umgestaltet worden, Institutionen und Organisationen verschwanden oder sie versuchten, in neuem Gewand zu überleben. Der Sozialismus, der von Anbeginn an Teil meiner politischen Überzeugung gewesen war, hatte sich erledigt. War er überhaupt jemals eine Alternative gewesen? Hinzu kamen Enttäuschungen, die die Wendezeit mit sich gebracht hatte. Ich konnte und wollte mir nicht vorstellen, unter den neuen Bedingungen, das heißt in der Bundesrepublik Deutschland, politisch aktiv zu sein. Am 30.7.1990 beendete ich meine Mitgliedschaft in der Partei, die sich zu dieser Zeit bereits PDS nannte. Ein Austritt aus der Gewerkschaft war nicht notwendig, da die West-Gewerkschaften die Übernahme der DDR-Mitglieder abgelehnt hatten. Derartige Skrupel hatten die bürgerlichen Parteien der Bundesrepublik übrigens nicht.

Die mit der Währungsumstellung eingetretenen Veränderungen machten der Wirtschaft im Osten schwer zu schaffen. Nicht nur der Binnenmarkt auch die Auslandsmärkte brachen von einem auf den anderen Tag weg.

Noch einmal Hansi

1989 war ich noch immer im AHB Heim-Electric tätig. Meine Abteilung verkaufte Produkte des Kombinats NARVA ins Ausland. Mit der Einführung der D-Mark brachen für uns die Märkte in der Sowjetunion und den anderen osteuropäischen Ländern schlagartig zusammen. Nicht nur das, auch der Handel mit den nichtsozialistischen Ländern kam mehr und mehr zum Erliegen, da viele Betriebe den harten Bedingungen des Weltmarktes, ohne den Puffer einer Binnenwährung, nicht gewachsen waren. Die anfängliche Hochstimmung, die die Einführung der D-Mark begleitet hatte, wich zunehmender Ernüchterung. Für die Organisationen des Außenhandels wurde zudem klar, dass sie in der bisherigen Form nicht überleben würden. Die Folge waren Entlassungen, die die Menschen in Wellen ereilten und verunsicherten. In vielen Familien verloren beide Partner ihre berufliche Existenz, weil nicht nur der Außenhandel, sondern auch staatliche und gesellschaftliche Einrichtungen aufgelöst oder mit Personal aus dem Westen umgestaltet wurden.

Die folgenden Wochen waren auch in der Staatsbank von Veränderungen und der Verunsicherung der Belegschaft geprägt. In diese Zeit fallen zwei Vorträge, an die ich mich lebhaft erinnere. Einen dieser Vorträge hielt ein Professor, der von einer westdeutschen Hochschule gekommen war, um den Spezialisten der Staatsbank seine Sicht auf die Wirtschaft und den Staatshaushalt der DDR darzulegen. Seine begrenzte Sachkenntnis machte er mit der Überzeugung wett, im Besitz der Wahrheit zu sein. Er wurde für mich zum Inbegriff des „Besser-Wessis", die nun zu Hauf kamen, um den

Ossis die Welt zu erklären. Der zweite Vortrag, der mir in Erinnerung geblieben ist, hatte mehr den Charakter einer Werbeveranstaltung. Ein Herr von einer Bausparkasse erläuterte einem kleinen Kreis jüngerer Kollegen die Rolle der Bausparkassen in der Bundesrepublik. Vergleichbare Institute hatte es in der DDR nicht gegeben. Sein Ziel war, Mitarbeiter zu werben, die im Osten eine Vertriebsstruktur aufbauen sollten. Als Neu-Banker schien mir eine Bausparkasse unter meiner Würde zu sein. Das war ausgesprochen dumm. Wenn ich geahnt hätte, welche Einkommensmöglichkeiten sich auf diesem jungfräulichen Terrain eröffneten, wäre meine Entscheidung womöglich anders ausgefallen. Dies gilt umso mehr, als der Finanzminister der BRD nach einiger Zeit entschied, dass die Reste der Staatsbank abzuwickeln seien. Den Jüngeren, zu denen ich mich noch zählen durfte, wurde geraten, sich nach einem anderen Arbeitgeber umzusehen. Die Reste der Staatsbank wurden übrigens doch nicht abgewickelt, sie wurden samt ihrem repräsentativen Stammsitz in Berlin Mitte Teil der KfW.

Noch einmal Thomas

Rudolf Bahro hatte, da er politischer Verfolgung ausgesetzt war, 1979 die DDR gen Westen verlassen. Ende 1989 kam er mit vielen Ideen nach Berlin zurück. Ich konnte ihn als Gutachter für die Verteidigung meiner Dissertation gewinnen, die endlich zugelassen worden war. Zwischen uns entwickelte sich eine enge Zusammenarbeit, aber auch eine persönliche Bindung, nicht zuletzt, weil er eine Zeit lang bei mir wohnte. Die ursprüngliche Zusage der Humboldt-Universität, ihm eine Anstellung zu geben, wurde jedoch nicht eingehalten. Da ich ebenfalls nicht übernommen wurde, musste ich meine Tätigkeit für ihn mit Hilfe des Arbeitslosengelds finanzieren. Bald war klar, dass die aus westdeutschen Universitäten rekrutierte neue Leitung der Humboldt-Universität Rudolf Bahro mit seinen teils revolutionären Ideen generell nicht in ihren Reihen sehen wollte.

Obwohl in den letzten Monaten der DDR das politische Tagesgeschehen mein Leben bestimmte, hieß das nicht, dass mich nicht auch andere Erlebnisse bewegten. Sylvester 1989/90 war ein solches Ereignis. Die Mauer stand noch, zumindest in Teilen. Mauerspechte waren dabei, sie abzutragen, um die Splitter oder Brocken als Andenken zu bewahren oder gewinnbringend zu verhökern. Tausende Menschen, die aus allen Teilen Deutschlands und darüber hinaus angereist waren, strömten zur Feier ans Brandenburger Tor. Mir war, wie vielen meiner Freunde, an diesem Tag nicht nach einer Jubelfeier zumute. Wir zogen es vor, in kleinem Kreis auf die Zukunft anzustoßen. Ein echter Höhepunkt war für mich das Konzert, das Joan Baez im Juni 1990 im Palast der Republik gab. Ihre in der DDR erschiene Schallplatte hatte ich rauf und runter gehört. Wenn Andreas zu mir kam, gehörte sie jedes Mal zum Programm. Dieses Konzert war das letzte, das ich im Palast der Republik erlebte. Er wurde, wie vieles, was die DDR für mich ausgemacht hatte, entsorgt. Einige Tage später, an meinem 37. Geburtstag, riss man die Mauer erneut ein , diesmal musikalisch. „The Wall" fand als Spektakel im Niemandsland zwischen Brandenburger Tor und Potsdamer Platz statt. 250.000 Menschen sollen dort gewesen sein. Es war chaotisch, ein Erlebnis irgendwie, aber nicht unbedingt ein musikalisches.

Die Zeit der DDR neigte sich unwiederbringlich ihrem Ende zu. Ost- und West-Berlin wurden in einer Verwaltung zusammengefasst. Aus den 14 Bezirken, in die die DDR gegliedert war, wurden fünf Länder gebildet. Die neu gebildeten Länder traten am 3. Oktober 1990, eine Hintertür des Grundgesetzes nutzend, der Bundesrepublik Deutschland bei. Auf diese Weise wurde ein womöglich langwieriger Vereinigungsprozess umgangen.

Mein Leben als DDR-Bürger war beendet. Man kann ein halbes Leben jedoch nicht abreißen wie ein Kalenderblatt.

Verwendete Abkürzungen

ABF	Arbeiter-und-Bauern-Fakultät
AHB	Außenhandelsbetrieb
AWG	Arbeiterwohnungsbaugenossenschaft
BRD	Bundesrepublik Deutschland
DDR	Deutsche Demokratische Republik
EDV	Elektronische Datenverarbeitung
EOS	Erweiterte Oberschule
FDJ	Freie Deutsche Jugend
HO	(staatliche) Handelsorganisation
Konsum	(genossenschaftliche) Handelsorganisation
KWV	Kommunale Wohnungsverwaltung
LPG	Landwirtschaftliche Produktionsgenossenschaft
MTS	Maschinen-Traktoren-Station
NVA	Nationale Volksarmee
PGH	Produktionsgenossenschaft des Handwerks
PKW	Personenkraftwagen
POS	Polytechnische Oberschule
SED	Sozialistische Einheitspartei Deutschlands
VEB	Volkseigener Betrieb